TARTAS DE MARTINA

2022

RECETAS DELICIOSAS Y FÁCILES PARA SORPRENDER A TUS INVITADOS

MARTINA FERRERO

TABLA DE CONTENIDO

Pastel de goteo de granja

Hace un pastel de 18 cm/7 pulgadas

225 g/8 oz/11/3 tazas de mezcla de frutas secas (mezcla para pastel de frutas)

75 g/3 oz/1/3 taza de grasa de res (manteca vegetal)

150 g/5 oz/2/3 taza de azúcar morena blanda

250 ml/8 fl oz/1 taza de agua

225 g/8 oz/2 tazas de harina integral (integral)

5 ml/1 cucharadita de levadura en polvo

2,5 ml/½ cucharadita de bicarbonato de sodio (bicarbonato de sodio)

5 ml/1 cucharadita de canela molida

Una pizca de nuez moscada rallada

Una pizca de clavo molido

Llevar a ebullición la fruta, la goteo, el azúcar y el agua en una cacerola de base gruesa y cocer a fuego lento durante 10 minutos. Dejar enfriar. Mezcle los ingredientes restantes en un tazón, luego vierta la mezcla derretida y mezcle suavemente. Vierta en un molde para pasteles de 18 cm / 7 engrasado y forrado y hornee en un horno precalentado a 180 ° C / 350 ° F / marca de gas 4 durante 1½ horas hasta que suba bien y se encoja de los lados del molde.

Pan de Jengibre Americano con Salsa de Limón

Hace un pastel de 20 cm/8 pulgadas

225 g/8 oz/1 taza de azúcar en polvo (superfina)

50 g/2 oz/¼ taza de mantequilla o margarina, derretida

30 ml/2 cucharadas de melaza negra (melaza)

2 claras de huevo, ligeramente batidas

225 g/8 oz/2 tazas de harina normal (para todo uso)

5 ml/1 cucharadita de bicarbonato de sodio (bicarbonato de sodio)

5 ml/1 cucharadita de canela molida

2,5 ml/½ cucharadita de clavo molido

1,5 ml/¼ de cucharadita de jengibre molido

Una pizca de sal

250 ml/8 fl oz/1 taza de suero de leche

Para la salsa:

100 g/4 oz/½ taza de azúcar en polvo (superfina)

30 ml/2 cucharadas de harina de maíz (fécula de maíz)

Una pizca de sal

Una pizca de nuez moscada rallada

250 ml/8 fl oz/1 taza de agua hirviendo

15 g/½ oz/1 cucharada de mantequilla o margarina

30 ml/2 cucharadas de jugo de limón

2,5 ml/½ cucharadita de corteza de limón finamente rallada

Mezcle el azúcar, la mantequilla o la margarina y la melaza. Agregue las claras de huevo. Mezcle la harina, el bicarbonato de sodio, las especias y la sal. Revuelva la mezcla de harina y el suero de leche alternativamente en la mezcla de mantequilla y azúcar hasta que estén bien mezclados. Vierta en un molde para pasteles de 20 cm / 8 pulgadas engrasado y enharinado y hornee en un horno precalentado a 200 ° C / 400 ° F / marca de gas 6 durante 35 minutos hasta que un palillo insertado en el centro salga limpio. Dejar enfriar en el molde durante 5 minutos antes de desmoldar sobre una rejilla para que termine de enfriarse. El pastel se puede servir frío o tibio.

Para hacer la salsa, mezcle el azúcar, la harina de maíz, la sal, la nuez moscada y el agua en una cacerola pequeña a fuego lento y revuelva hasta que estén bien mezclados. Cocine a fuego lento, revolviendo, hasta que la mezcla esté espesa y clara. Agregue la mantequilla o margarina y el jugo de limón y la cáscara y cocine hasta que se mezclen. Vierta sobre el pan de jengibre para servir.

Pan De Jengibre De Café

Hace un pastel de 20 cm/8 pulgadas

200 g/7 oz/1¾ tazas de harina leudante

10 ml/2 cucharaditas de jengibre molido

10 ml/2 cucharaditas de café instantáneo granulado

100 ml/4 fl oz/½ taza de agua caliente

100 g/4 oz/½ taza de mantequilla o margarina

75 g/3 oz/¼ taza de jarabe dorado (maíz claro)

50 g/2 oz/¼ taza de azúcar morena suave

2 huevos batidos

Mezclar la harina y el jengibre. Disolver el café en el agua caliente. Derrita la margarina, el jarabe y el azúcar, luego mezcle con los ingredientes secos. Mezcle el café y los huevos. Vierta en un molde para pastel de 20 cm / 8 engrasado y forrado y hornee en un horno precalentado a 180 ° C / 350 ° F / marca de gas 4 durante 40–45 minutos hasta que esté bien levantado y elástico al tacto.

Pastel De Crema De Jengibre

Hace un pastel de 20 cm/8 pulgadas

175 g/6 oz/¾ taza de mantequilla o margarina, blanda

150 g/5 oz/2/3 taza de azúcar morena blanda

3 huevos, ligeramente batidos

175 g/6 oz/1½ tazas de harina leudante

15 ml/1 cucharada de jengibre molido Para el relleno:

150 ml/¼ pt/2/3 taza de crema doble (pesada)

15 ml/1 cucharada de azúcar glas, tamizada

5 ml/1 cucharadita de jengibre molido

Batir la mantequilla o margarina y el azúcar hasta que quede suave y esponjoso. Agregue gradualmente los huevos, luego la harina y el jengibre y mezcle bien. Repartir en dos moldes para sándwich de 20 cm/ 8 engrasados y forrados y hornear en un horno precalentado a 180 °C/350 °F/nivel de gas 4 durante 25 minutos hasta que esté bien subido y elástico al tacto. Dejar enfriar.

Batir la nata con el azúcar y el jengibre hasta que esté firme, luego usarla para hacer un sándwich con los pasteles.

Pastel de jengibre de Liverpool

Hace un pastel de 20 cm/8 pulgadas

100 g/4 oz/½ taza de mantequilla o margarina

100 g/4 oz/½ taza de azúcar demerara

30 ml/2 cucharadas de jarabe dorado (maíz claro)

225 g/8 oz/2 tazas de harina normal (para todo uso)

2,5 ml/½ cucharadita de bicarbonato de sodio (bicarbonato de sodio)

10 ml/2 cucharaditas de jengibre molido

2 huevos batidos

225 g/8 oz/11/3 tazas sultanas (pasas doradas)

50 g/2 oz/½ taza de jengibre cristalizado (confitado), picado

Derretir la mantequilla o margarina con el azúcar y el almíbar a fuego lento. Retire del fuego y agregue los ingredientes secos y el huevo y mezcle bien. Agregue las sultanas y el jengibre. Vierta en un molde para pastel cuadrado de 20 cm/8 pulgadas engrasado y forrado y hornee en un horno precalentado a 150 °C/300 °F/nivel de gas 3 durante 1½ horas hasta que esté elástico al tacto. El pastel puede hundirse un poco en el centro. Dejar enfriar en el molde.

Pan De Jengibre De Avena

Rinde un pastel de 35 x 23 cm/14 x 9 pulgadas

225 g/8 oz/2 tazas de harina integral (integral)

75 g/3 oz/¾ taza de copos de avena

5 ml/1 cucharadita de bicarbonato de sodio (bicarbonato de sodio)

5 ml/1 cucharadita de cremor tártaro

15 ml/1 cucharada de jengibre molido

225 g/8 oz/1 taza de mantequilla o margarina

225 g/8 oz/1 taza de azúcar morena blanda

Mezcle la harina, la avena, el bicarbonato de sodio, la crema de tártaro y el jengibre en un tazón. Frote la mantequilla o la margarina hasta que la mezcla parezca pan rallado. Agregue el azúcar. Presione la mezcla firmemente hacia abajo en un molde para pasteles (bandeja) engrasado de 35 x 23 cm/14 x 9 pulgadas y hornee en un horno precalentado a 160 °C/325 °F/nivel de gas 3 durante 30 minutos hasta que se doren. Cortar en cuadrados aún tibios y dejar en el molde para que se enfríe por completo.

pan de jengibre naranja

Hace un pastel de 23 cm/9 pulgadas

450 g/1 lb/4 tazas de harina normal (para todo uso)

5 ml/1 cucharadita de canela molida

2,5 ml/½ cucharadita de jengibre molido

2,5 ml/½ cucharadita de bicarbonato de sodio (bicarbonato de sodio)

175 g/6 oz/2/3 taza de mantequilla o margarina

175 g/6 oz/2/3 taza de azúcar en polvo (superfina)

75 g/3 oz/½ taza de cáscara de naranja glacé (confitada), picada

Corteza rallada y jugo de ½ naranja grande

175 g/6 oz/½ taza de jarabe dorado (maíz claro), tibio

2 huevos, ligeramente batidos

Un poco de leche

Mezcle la harina, las especias y el bicarbonato de sodio, luego frote la mantequilla o la margarina hasta que la mezcla parezca pan rallado. Agregue el azúcar, la cáscara de naranja y la corteza, luego haga un hueco en el centro. Mezcle el jugo de naranja y el jarabe tibio, luego agregue los huevos hasta que tenga una consistencia suave, agregando un poco de leche si es necesario. Bate bien, luego coloca con una cuchara en un molde para pastel cuadrado de 23 cm/9 pulgadas engrasado y hornea en un horno precalentado a 160 °C/325 °F/nivel de gas 3 durante 1 hora hasta que esté bien levantado y elástico al tacto.

Pan de jengibre pegajoso

Hace un pastel de 25 cm/10

275 g/10 oz/2½ tazas de harina normal (para todo uso)

10 ml/2 cucharaditas de canela molida

5 ml/1 cucharadita de bicarbonato de sodio (bicarbonato de sodio)

100 g/4 oz/½ taza de mantequilla o margarina

175 g/6 oz/½ taza de jarabe dorado (maíz claro)

175 g/6 oz/½ taza de melaza negra (melaza)

100 g/4 oz/½ taza de azúcar morena blanda

2 huevos batidos

150 ml/¼ pt/2/3 taza de agua caliente

Mezclar la harina, la canela y el bicarbonato de sodio. Derretir la mantequilla o margarina con el almíbar, la melaza y el azúcar y verter sobre los ingredientes secos. Agregue los huevos y el agua y mezcle bien. Verter en un molde para tarta cuadrado de 25 cm/10 engrasado y forrado. Hornee en un horno precalentado a 180 °C/350 °F/nivel de gas 4 durante 40 a 45 minutos hasta que suba bien y esté elástico al tacto.

Pan De Jengibre Integral

Hace un pastel de 18 cm/7 pulgadas

100 g/4 oz/1 taza de harina normal (para todo uso)

100 g/4 oz/1 taza de harina integral (integral)

50 g/2 oz/¼ taza de azúcar morena suave

50 g/2 oz/1/3 taza de sultanas (pasas doradas)

10 ml/2 cucharaditas de jengibre molido

5 ml/1 cucharadita de canela molida

5 ml/1 cucharadita de bicarbonato de sodio (bicarbonato de sodio)

Una pizca de sal

100 g/4 oz/½ taza de mantequilla o margarina

30 ml/2 cucharadas de jarabe dorado (maíz claro)

30 ml/2 cucharadas de melaza negra (melaza)

1 huevo, ligeramente batido

150 ml/¼ pt/2/3 taza de leche

Mezcla los ingredientes secos. Derretir la mantequilla o margarina con el almíbar y la melaza y mezclar con los ingredientes secos con el huevo y la leche. Vierta en un molde para pastel (bandeja) de 18 cm / 7 engrasado y forrado y hornee en un horno precalentado a 160 ° C / 325 ° F / marca de gas 3 durante 1 hora hasta que esté elástico al tacto.

Pastel de Miel y Almendras

Hace un pastel de 20 cm/8 pulgadas

250 g/9 oz de zanahorias, ralladas

65 g/2½ oz de almendras, finamente picadas

2 huevos

100 g/4 oz/1/3 taza de miel clara

60 ml/4 cucharadas de aceite

150 ml/¼ pt/2/3 taza de leche

100 g/4 oz/1 taza de harina integral (integral)

25 g/1 oz/¼ taza de harina normal (para todo uso)

10 ml/2 cucharaditas de canela molida

2,5 ml/½ cucharadita de bicarbonato de sodio (bicarbonato de sodio)

Una pizca de sal

Glaseado de limón

Unas cuantas almendras laminadas (laminadas) para decorar

Mezcle las zanahorias y las nueces. Bate los huevos en un recipiente aparte, luego mézclalos con la miel, el aceite y la leche. Agregue las zanahorias y las nueces, luego agregue los ingredientes secos. Vierta en un molde para pasteles de 20 cm / 8 engrasado y forrado y hornee en un horno precalentado a 150 ° C / 300 ° F / marca de gas 2 durante 1–1¼ horas hasta que esté bien levantado y elástico al tacto. Dejar enfriar en el molde antes de desmoldar. Rociar con el glacé de limón y decorar con almendras laminadas.

Pastel helado de limón

Hace un pastel de 18 cm/7 pulgadas

100 g/4 oz/½ taza de mantequilla o margarina, blanda

100 g/4 oz/½ taza de azúcar en polvo (superfina)

2 huevos

100 g/4 oz/1 taza de harina normal (para todo uso)

50 g/2 oz/½ taza de arroz molido

2,5 ml/½ cucharadita de levadura en polvo

Corteza rallada y jugo de 1 limón

100 g/4 oz/2/3 taza de azúcar glas (glaseado), tamizada

Batir la mantequilla o margarina y el azúcar hasta que quede suave y esponjoso. Mezcle los huevos uno a la vez, batiendo bien después de cada adición. Combine la harina, el arroz molido, el polvo de hornear y la ralladura de limón, luego incorpórelos a la mezcla. Vierta en un molde para pasteles de 18 cm / 7 engrasado y forrado y hornee en un horno precalentado a 180 ° C / 350 ° F / marca de gas 4 durante 1 hora hasta que esté elástico al tacto. Retirar del molde y dejar enfriar.

Mezcle el azúcar glas con un poco de jugo de limón hasta que quede suave. Repartir sobre la tarta y dejar reposar.

Anillo de té helado

Sirve 4–6

150 ml/¼ pt/2/3 taza de leche tibia

2,5 ml/½ cucharadita de levadura seca

25 g/1 oz/2 cucharadas de azúcar en polvo (superfina)

25 g/1 oz/2 cucharadas de mantequilla o margarina

225 g/8 oz/2 tazas de harina fuerte normal (de pan)

1 huevo batido Para el relleno:

50 g/2 oz/¼ taza de mantequilla o margarina, blanda

50 g/2 oz/¼ taza de almendras molidas

50 g/2 oz/¼ taza de azúcar morena suave

Para la cobertura:

100 g/4 oz/2/3 taza de azúcar glas (glaseado), tamizada

15 ml/1 cucharada de agua tibia

30 ml/2 cucharadas de almendras en copos (en rodajas)

Vierta la leche sobre la levadura y el azúcar y mezcle. Dejar en un lugar cálido hasta que esté espumoso. Frote la mantequilla o la margarina en la harina. Agregue la mezcla de levadura y el huevo y bata bien. Cubrir el recipiente con film transparente aceitado (envoltura de plástico) y dejar en un lugar cálido durante 1 hora. Vuelva a amasar, luego forme un rectángulo de unos 30 x 23 cm/12 x 9 pulgadas. Unte la mantequilla o margarina para el relleno sobre la masa y espolvoree con almendras molidas y azúcar. Enrolle en una salchicha larga y forme un anillo, sellando los bordes con un poco de agua. Corte dos tercios del camino a través del rollo a intervalos de aproximadamente 3 cm/1½ y colóquelo en una bandeja para hornear (galletas) engrasada. Dejar en un lugar cálido durante 20 minutos. Hornee en un horno precalentado a 200°C/425°F/gas 7 durante 15 minutos. Reduzca la temperatura del horno a 180°C/350°F/gas 4 durante 15 minutos más.

Mientras tanto, mezcle el azúcar glas y el agua para hacer un glaseado. Cuando esté frío, repartir sobre la tarta y decorar con almendras laminadas.

Pastel de manteca

Hace un pastel de 23 x 18 cm/9 x 7 pulgadas

15 g/½ oz de levadura fresca o 20 ml/4 cucharaditas de levadura seca

5 ml/1 cucharadita de azúcar en polvo (superfina)

300 ml/½ pt/1¼ tazas de agua tibia

150 g/5 oz/2/3 taza de manteca (manteca vegetal)

450 g/1 lb/4 tazas de harina fuerte (de pan)

Una pizca de sal

100 g/4 oz/2/3 taza de sultanas (pasas doradas)

100 g/4 oz/2/3 taza de miel clara

Mezclar la levadura con el azúcar y un poco de agua tibia y dejar en un lugar tibio por 20 minutos hasta que esté espumoso.

Frote 25 g/1 oz/2 cucharadas de manteca de cerdo en la harina y la sal y haga un pozo en el centro. Vierta la mezcla de levadura y el agua tibia restante y mezcle hasta obtener una masa rígida. Amasar hasta que quede suave y elástico. Colocar en un recipiente aceitado, cubrir con film transparente aceitado (envoltura de plástico) y dejar en un lugar cálido durante aproximadamente 1 hora hasta que doble su tamaño.

Corte en dados la manteca restante. Vuelva a amasar la masa, luego extiéndala hasta formar un rectángulo de unos 35 x 23 cm/14 x 9 pulgadas. Cubra los dos tercios superiores de la masa con un tercio de la manteca de cerdo, un tercio de las pasas sultanas y un cuarto de la miel. Dobla el tercio normal de la masa hacia arriba sobre el relleno, luego dobla el tercio superior hacia abajo sobre eso. Presiona los bordes para sellarlos, luego dale un cuarto de vuelta a la masa para que el doblez quede a tu izquierda. Estirar y repetir el proceso dos veces más para agotar toda la manteca y las sultanas. Coloque en una bandeja para hornear (galletas) engrasada y marque un patrón entrecruzado en la parte superior con un cuchillo. Cubra y deje en un lugar cálido durante 40 minutos.

Hornee en un horno precalentado a 220°C/ 425°F/gas marca 7 durante 40 minutos. Rocíe la parte superior con la miel restante, luego deje que se enfríe.

Pastel de manteca de semillas de alcaravea

Hace un pastel de 23 x 18 cm/9 x 7 pulgadas

450 g/1 lb de masa de pan blanco básico

175 g/6 oz/¾ taza de manteca (manteca vegetal), cortada en trozos

175 g/6 oz/¾ taza de azúcar en polvo (superfina)

15 ml/1 cucharada de semillas de alcaravea

Prepare la masa, luego extiéndala sobre una superficie ligeramente enharinada hasta formar un rectángulo de unos 35 x 23 cm/14 x 9 pulgadas. Ponga la mitad de la manteca y la mitad del azúcar en los dos tercios superiores de la masa, luego doble hacia arriba tercio de la masa, y dobla el tercio superior hacia abajo sobre eso. Dar un cuarto de vuelta a la masa para que el pliegue quede a la izquierda, luego estirar de nuevo y espolvorear de la misma manera con la manteca y el azúcar restantes y las semillas de alcaravea. Vuelva a doblar, luego déle forma para que quepa en un molde para hornear (bandeja) y marque la parte superior en forma de diamante. Cubra con film transparente aceitado (envoltura de plástico) y déjelo en un lugar cálido durante unos 30 minutos hasta que doble su tamaño.

Hornee en un horno precalentado a 200°C/ 400°F/gas marca 6 durante 1 hora. Dejar enfriar en el molde durante 15 minutos para que la grasa penetre en la masa, luego desmoldar sobre una rejilla para que se enfríe completamente.

Pastel marmoleado

Hace un pastel de 20 cm/8 pulgadas

175 g/6 oz/¾ taza de mantequilla o margarina, blanda

175 g/6 oz/¾ taza de azúcar en polvo (superfina)

3 huevos, ligeramente batidos

225 g/8 oz/2 tazas de harina leudante

Unas gotas de esencia de almendras (extracto)

Unas gotas de colorante alimentario verde.

Unas gotas de colorante alimentario rojo.

Batir la mantequilla o margarina y el azúcar hasta que quede suave y esponjoso. Batir gradualmente los huevos, luego incorporar la harina. Divide la mezcla en tres. Agregue la esencia de almendras a un tercio, el colorante verde para alimentos a un tercio y el colorante rojo para alimentos al tercio restante. Vierta cucharadas grandes de las tres mezclas alternativamente en un molde para pastel de 20 cm/8 pulgadas engrasado y forrado y hornee en un horno precalentado a 180 °C/350 °F/nivel de gas 4 durante 45 minutos hasta que esté bien levantado y elástico para el toque.

Pastel de capas de Lincolnshire

Hace un pastel de 20 cm/8 pulgadas

175 g/6 oz/¾ taza de mantequilla o margarina

350 g/12 oz/3 tazas de harina normal (para todo uso)

Una pizca de sal

150 ml/¼ pt/2/3 taza de leche

15 ml/1 cucharada de levadura seca Para el relleno:

225 g/8 oz/11/3 tazas sultanas (pasas doradas)

225 g/8 oz/1 taza de azúcar morena blanda

25 g/1 oz/2 cucharadas de mantequilla o margarina

2,5 ml/½ cucharadita de pimienta de Jamaica molida

1 huevo, separado

Frote la mitad de la mantequilla o margarina en la harina y la sal hasta que la mezcla parezca pan rallado. Caliente la mantequilla o margarina restante con la leche hasta que esté caliente, luego mezcle un poco hasta obtener una pasta con la levadura. Revuelva la mezcla de levadura y el resto de la leche y la mantequilla en la mezcla de harina y amase hasta obtener una masa suave. Colocar en un bol aceitado, tapar y dejar en un lugar cálido durante aproximadamente 1 hora hasta que doble su tamaño. Mientras tanto, colocar todos los ingredientes del relleno excepto la clara de huevo en una sartén a fuego lento y dejar hasta que se derrita.

Estirar un cuarto de la masa en un círculo de 20 cm/8 y untar con un tercio del relleno. Repita con las cantidades restantes de masa y relleno, cubriendo con un círculo de masa. Cepille los bordes con clara de huevo y selle. Hornee en un horno precalentado a 190°C/375°F/gas marca 5 durante 20 minutos. Cepille la parte superior con clara de huevo, luego vuelva al horno por otros 30 minutos hasta que estén doradas.

Pastel de pan

Rinde un pastel de 900 g/2 lb

175 g/6 oz/¾ taza de mantequilla o margarina, blanda

275 g/10 oz/1¼ tazas de azúcar en polvo (superfina)

Corteza rallada y jugo de ½ limón

120 ml/4 fl oz/½ taza de leche

275 g/10 oz/2¼ tazas de harina leudante

5 ml/1 cucharadita de sal

5 ml/1 cucharadita de levadura en polvo

3 huevos

Azúcar glas (glaseado), tamizada, para espolvorear

Batir la mantequilla o margarina, el azúcar y la ralladura de limón hasta que quede suave y esponjosa. Agregue el jugo de limón y la leche, luego mezcle la harina, la sal y el polvo de hornear y mezcle hasta que quede suave. Poco a poco agregue los huevos, batiendo bien después de cada adición. Vierta la mezcla en un molde para pan de 900 g/2 lb engrasado y forrado y hornee en un horno precalentado a 150 °F/300 °F/nivel de gas 2 durante 1¼ horas hasta que esté elástico al tacto. Dejar enfriar en el molde durante 10 minutos antes de desmoldar para terminar de enfriar sobre una rejilla. Servir espolvoreado con azúcar glas.

Pastel De Mermelada

Hace un pastel de 18 cm/7 pulgadas

175 g/6 oz/¾ taza de mantequilla o margarina, blanda

175 g/6 oz/¾ taza de azúcar en polvo (superfina)

3 huevos, separados

300 g/10 oz/2½ tazas de harina leudante

45 ml/3 cucharadas de mermelada espesa

50 g/2 oz/1/3 taza de cáscara picada mixta (confitada)

cáscara rallada de 1 naranja

45 ml/3 cucharadas de agua

Para el glaseado (glaseado):

100 g/4 oz/2/3 taza de azúcar glas (glaseado), tamizada

jugo de 1 naranja

Unas rodajas de naranja confitada (confitada)

Batir la mantequilla o margarina y el azúcar hasta que quede suave y esponjoso. Agregue gradualmente las yemas de huevo, luego 15 ml/1 cucharada de harina. Agregue la mermelada, la cáscara mixta, la cáscara de naranja y el agua, luego agregue la harina restante. Bate las claras de huevo hasta que estén firmes, luego incorpóralas a la mezcla con una cuchara de metal. Vierta en un molde para pasteles (bandeja) de 18 cm/7 engrasado y forrado y hornee en un horno precalentado a 180 °C/350 °F/nivel de gas 4 durante 1¼ horas hasta que esté bien levantado y elástico al tacto. Dejar enfriar en el molde durante 5 minutos, luego desmoldar sobre una rejilla para que termine de enfriarse.

Para hacer el glas, en un bol ponemos el azúcar glas y hacemos un hueco en el centro. Agregue gradualmente suficiente jugo de naranja para darle una consistencia para untar. Vierta sobre el pastel y por los lados y deje reposar. Decora con rodajas de naranja cristalizada.

Pastel de semilla de amapola

Hace un pastel de 20 cm/8 pulgadas

250 ml/8 fl oz/1 taza de leche

100 g/4 oz/1 taza de semillas de amapola

225 g/8 oz/1 taza de mantequilla o margarina, blanda

225 g/8 oz/1 taza de azúcar morena blanda

3 huevos, separados

100 g/4 oz/1 taza de harina normal (para todo uso)

100 g/4 oz/1 taza de harina integral (integral)

5 ml/1 cucharadita de levadura en polvo

Llevar la leche a ebullición en una cacerola pequeña con las semillas de amapola, luego retirar del fuego, tapar y dejar en remojo durante 30 minutos. Batir la mantequilla o margarina y el azúcar hasta que quede pálido y esponjoso. Agregue gradualmente las yemas de huevo, luego agregue las harinas y el polvo de hornear. Agregue las semillas de amapola y la leche. Bate las claras de huevo hasta que estén firmes, luego incorpóralas a la mezcla con una cuchara de metal. Vierta en un molde para pasteles de 20 cm / 8 pulgadas engrasado y forrado y hornee en un horno precalentado a 180 ° C / 350 ° F / marca de gas 4 durante 1 hora hasta que un palillo insertado en el centro salga limpio. Dejar enfriar en el molde 10 minutos antes de desmoldar para terminar de enfriar sobre una rejilla.

Pastel de yogur natural

Hace un pastel de 23 cm/9 pulgadas

150 g/5 oz de yogur natural

150 ml/¼ pt/2/3 taza de aceite

225 g/8 oz/1 taza de azúcar en polvo (superfina)

225 g/8 oz/2 tazas de harina leudante

10 ml/2 cucharaditas de levadura en polvo

2 huevos batidos

Mezcle todos los ingredientes hasta que quede suave, luego vierta con una cuchara en un molde para pasteles engrasado y forrado de 23 cm/9 in. Hornee en un horno precalentado a 160 °C/325 °F/nivel de gas 3 durante 1¼ horas hasta que esté elástico al tacto. Dejar enfriar en el molde.

Tarta de ciruelas pasas y natillas

Hace un pastel de 23 cm/9 pulgadas

Para el llenado:

150 g/5 oz/2/3 taza de ciruelas pasas sin hueso (sin hueso), picadas en trozos grandes

120 ml/4 fl oz/½ taza de jugo de naranja

50 g/2 oz/¼ taza de azúcar en polvo (superfina)

30 ml/2 cucharadas de harina de maíz (fécula de maíz)

175 ml/6 fl oz/¾ taza de leche

2 yemas de huevo

Corteza finamente rallada de 1 naranja

Para el pastel:

175 g/6 oz/¾ taza de mantequilla o margarina, blanda

225 g/8 oz/1 taza de azúcar en polvo (superfina)

3 huevos, ligeramente batidos

200 g/7 oz/1¾ tazas de harina normal (para todo uso)

10 ml/2 cucharaditas de levadura en polvo

2,5 ml/½ cucharadita de nuez moscada rallada

75 ml/5 cucharadas de jugo de naranja

Hacer el relleno primero. Remoje las ciruelas pasas en el jugo de naranja durante al menos dos horas.

Mezclar el azúcar y la harina de maíz hasta obtener una pasta con un poco de leche. Llevar la leche restante a ebullición en una cacerola. Vierta sobre el azúcar y la harina de maíz y mezcle bien, luego regrese a la sartén enjuagada y bata las yemas de huevo. Añade la piel de naranja y remueve a fuego muy lento hasta que espese, pero no dejes que la crema hierva. Coloque la sartén en un recipiente con agua fría y revuelva las natillas de vez en cuando mientras se enfría.

Para hacer el pastel, mezcle la mantequilla o margarina y el azúcar hasta que quede suave y esponjoso. Poco a poco agregue los huevos, luego agregue la harina, el polvo de hornear y la nuez moscada alternativamente con el jugo de naranja. Vierta la mitad de la masa en un molde para pastel engrasado de 23 cm / 9 in, luego extienda la crema pastelera sobre la parte superior, dejando un espacio alrededor del borde. Vierta las ciruelas pasas y el jugo de remojo sobre las natillas, luego cubra con la mezcla de pastel restante, asegurándose de que la mezcla de pastel se selle en el relleno a los lados y que el relleno esté completamente cubierto. Hornee en un horno precalentado a 200 °C/400 °F/nivel de gas 6 durante 35 minutos hasta que estén doradas y se encojan de las paredes del molde. Dejar enfriar en el molde antes de desmoldar.

Pastel ondulado de frambuesa con glaseado de chocolate

Hace un pastel de 20 cm/8 pulgadas

175 g/6 oz/¾ taza de mantequilla o margarina, blanda

175 g/6 oz/¾ taza de azúcar en polvo (superfina)

3 huevos, ligeramente batidos

225 g/8 oz/2 tazas de harina leudante

100 g/4 oz de frambuesas Para el glaseado (frosting) y decoración:

Glaseado de mantequilla de chocolate blanco

100 g/4 oz/1 taza de chocolate natural (semidulce)

Batir la mantequilla o margarina y el azúcar hasta que quede suave y esponjoso. Batir gradualmente los huevos, luego incorporar la harina. Haga un puré con las frambuesas, luego frótelas a través de un colador para quitar las pepitas. Revuelva el puré en la mezcla del pastel, solo para que se marmolee a través de la mezcla y no se mezcle. Vierta en un molde para pastel engrasado y forrado de 20 cm/8 in y hornee en un horno precalentado a 180°C/350° F/ gas marca 4 durante 45 minutos hasta que esté bien levantado y elástico al tacto. Transfiera a una rejilla para enfriar.

Extienda el glaseado de mantequilla sobre el pastel y raspe la superficie con un tenedor. Derrita el chocolate en un recipiente resistente al calor colocado sobre una cacerola con agua hirviendo a fuego lento. Extienda sobre una bandeja para hornear (galletas) y déjelo hasta que esté casi listo. Raspe la parte plana de un cuchillo afilado sobre el chocolate para hacer rizos. Úsalo para decorar la parte superior del pastel.

Pastel de arena

Hace un pastel de 20 cm/8 pulgadas

75 g/3 oz/1/3 taza de mantequilla o margarina, blanda

75 g/3 oz/1/3 taza de azúcar en polvo (superfina)

2 huevos, ligeramente batidos

100 g/4 oz/1 taza de harina de maíz (fécula de maíz)

25 g/1 oz/¼ taza de harina normal (para todo uso)

5 ml/1 cucharadita de levadura en polvo

50 g/2 oz/½ taza de nueces mixtas picadas

Batir la mantequilla o margarina y el azúcar hasta que quede suave y esponjoso. Agregue gradualmente los huevos, luego doble la harina de maíz, la harina y el polvo de hornear. Vierta la mezcla en un molde para pastel cuadrado de 20 cm / 8 pulgadas engrasado y espolvoree con las nueces picadas. Hornee en un horno precalentado a 180 °C/350 °F/marca de gas 4 durante 1 hora hasta que esté elástico al tacto.

Pastel de semillas

Hace un pastel de 18 cm/7 pulgadas

100 g/4 oz/½ taza de mantequilla o margarina, blanda

100 g/4 oz/½ taza de azúcar en polvo (superfina)

2 huevos, ligeramente batidos

225 g/8 oz/2 tazas de harina normal (para todo uso)

25 g/1 oz/¼ taza de semillas de alcaravea

5 ml/1 cucharadita de levadura en polvo

Una pizca de sal

45 ml/3 cucharadas de leche

Batir la mantequilla o margarina y el azúcar hasta que quede suave y esponjoso. Agregue gradualmente los huevos, luego agregue la harina, las semillas de alcaravea, el polvo de hornear y la sal. Revuelva en suficiente de la leche para hacer una consistencia de goteo. Con una cuchara, vierta en un molde para pastel de 18 cm/7 engrasado y forrado y hornee en un horno precalentado a 200 °C/400 °F/nivel de gas 6 durante 1 hora hasta que esté elástico al tacto y comience a encogerse por los lados. de la lata

Pastel de anillo especiado

Hace un anillo de 23 cm/9 pulgadas

1 manzana, pelada, sin corazón y rallada

30 ml/2 cucharadas de jugo de limón

25 g/8 oz/1 taza de azúcar morena suave

5 ml/1 cucharadita de jengibre molido

5 ml/1 cucharadita de canela molida

2,5 ml/½ cucharadita de especias mixtas molidas (pastel de manzana)

225 g/8 oz/2/3 taza de jarabe dorado (maíz claro)

250 ml/8 fl oz/1 taza de aceite

10 ml/2 cucharaditas de levadura en polvo

400 g/14 oz/3½ tazas de harina normal (para todo uso)

10 ml/2 cucharaditas de bicarbonato de sodio (bicarbonato de sodio)

250 ml/8 fl oz/1 taza de té fuerte caliente

1 huevo batido

Azúcar glas (glaseado), tamizada, para espolvorear

Mezcle el jugo de manzana y limón. Agregue el azúcar y las especias, luego el almíbar y el aceite. Agregue el polvo de hornear a la harina y el bicarbonato de sodio al té caliente. Revuelva estos alternativamente en la mezcla, luego mezcle el huevo. Vierta en un molde para pastel de 23 cm/9 pulgadas de profundidad engrasado y forrado y hornee en un horno precalentado a 180 °C/350 °F/nivel de gas 4 durante 1 hora hasta que esté elástico al tacto. Dejar enfriar en el molde durante 10 minutos, luego desmoldar sobre una rejilla para que termine de enfriarse. Servir espolvoreado con azúcar glas.

Pastel De Capas Picante

Hace un pastel de 23 cm/9 pulgadas

100 g/4 oz/½ taza de mantequilla o margarina, blanda

100 g/4 oz/½ taza de azúcar granulada

100 g/4 oz/½ taza de azúcar morena blanda

2 huevos batidos

175 g/6 oz/1½ tazas de harina normal (para todo uso)

5 ml/1 cucharadita de levadura en polvo

5 ml/1 cucharadita de canela molida

2,5 ml/½ cucharadita de bicarbonato de sodio (bicarbonato de sodio)

2,5 ml/½ cucharadita de especias mixtas molidas (pastel de manzana)

Una pizca de sal

200 ml/7 fl oz/escaso 1 taza de leche evaporada enlatada

Glaseado de mantequilla de limón

Batir la mantequilla o margarina y los azúcares hasta que quede suave y esponjosa. Bata gradualmente los huevos, luego agregue los ingredientes secos y la leche evaporada y mezcle hasta obtener una mezcla suave. Repartir en dos moldes para tartas de 23 cm/9 engrasados y forrados y hornear en un horno precalentado a 180 °C/350 °F/nivel de gas 4 durante 30 minutos hasta que esté elástico al tacto. Deje que se enfríe, luego haga un sándwich junto con el glaseado de mantequilla de limón.

Pastel de azúcar y canela

Hace un pastel de 23 cm/9 pulgadas

175 g/6 oz/1½ tazas de harina leudante

10 ml/2 cucharaditas de levadura en polvo

Una pizca de sal

175 g/6 oz/¾ taza de azúcar en polvo (superfina)

50 g/2 oz/¼ taza de mantequilla o margarina, derretida

1 huevo, ligeramente batido

120 ml/4 fl oz/½ taza de leche

2,5 ml/½ cucharadita de esencia de vainilla (extracto)

Para la cobertura:

50 g/2 oz/¼ taza de mantequilla o margarina, derretida

50 g/2 oz/¼ taza de azúcar morena suave

2,5 ml/½ cucharadita de canela molida

Batir todos los ingredientes de la torta hasta que estén suaves y bien mezclados. Vierta en un molde para pasteles de 23 cm / 9 pulgadas engrasado y hornee en un horno precalentado a 180 ° C / 350 ° F / marca de gas 4 durante 25 minutos hasta que estén doradas. Cepille el pastel tibio con la mantequilla. Mezclar el azúcar y la canela y espolvorear por encima. Regresa la torta al horno por 5 minutos más.

Pastel de té victoriano

Hace un pastel de 20 cm/8 pulgadas

225 g/8 oz/1 taza de mantequilla o margarina, blanda

225 g/8 oz/1 taza de azúcar en polvo (superfina)

225 g/8 oz/2 tazas de harina leudante

25 g/1 oz/¼ taza de harina de maíz (fécula de maíz)

30 ml/2 cucharadas de semillas de alcaravea

5 huevos, separados

Azúcar granulada para espolvorear

Batir la mantequilla o margarina y el azúcar hasta que quede pálido y esponjoso. Agregue la harina, la harina de maíz y las semillas de alcaravea. Bate las yemas de huevo, luego mézclalas con la mezcla. Bate las claras de huevo hasta que estén firmes, luego incorpóralas suavemente a la mezcla con una cuchara de metal. Vierta en un molde para pasteles de 20 cm / 8 engrasado y forrado y espolvoree con azúcar. Hornee en un horno precalentado a 180 °C/350 °F/nivel de gas 4 durante 1½ horas hasta que estén doradas y comiencen a encogerse por los lados del molde.

Pastel de frutas todo en uno

Hace un pastel de 20 cm/8 pulgadas

175 g/6 oz/¾ taza de mantequilla o margarina, blanda

175 g/6 oz/¾ taza de azúcar morena suave

3 huevos

15 ml/1 cucharada de jarabe dorado (maíz claro)

100 g/4 oz/½ taza de cerezas glaseadas (confitadas)

100 g/4 oz/2/3 taza de sultanas (pasas doradas)

100 g/4 oz/2/3 taza de pasas

225 g/8 oz/2 tazas de harina leudante

10 ml/2 cucharaditas de especias mixtas molidas (pastel de manzana)

Coloque todos los ingredientes en un tazón y mezcle hasta que estén bien mezclados, o procese en un procesador de alimentos. Vierta en un molde para pasteles de 20 cm / 8 pulgadas engrasado y forrado y hornee en un horno precalentado a 160 ° C / 325 ° F / marca de gas 3 durante 1½ horas hasta que un palillo insertado en el centro salga limpio. Dejar en el molde durante 5 minutos, luego desmoldar sobre una rejilla para que termine de enfriar.

Pastel de frutas todo en uno

Hace un pastel de 20 cm/8 pulgadas

350 g/12 oz/2 tazas de mezcla de frutas secas (mezcla para pastel de frutas)

100 g/4 oz/½ taza de mantequilla o margarina

100 g/4 oz/½ taza de azúcar morena blanda

150 ml/¼ pt/2/3 taza de agua

2 huevos grandes, batidos

225 g/8 oz/2 tazas de harina leudante

5 ml / 1 cucharadita de especias mixtas molidas (pastel de manzana)

Poner la fruta, la mantequilla o margarina, el azúcar y el agua en una cacerola, llevar a ebullición y dejar hervir a fuego lento durante 15 minutos. Dejar enfriar. Agregue cucharadas de los huevos alternativamente con la harina y las especias mezcladas y mezcle bien. Con una cuchara, vierta en un molde para pasteles (bandeja) de 20 cm/ 8 pulgadas engrasado y hornee en un horno precalentado a 140 °C/275 °F/nivel de gas 1 durante 1 a 1½ horas hasta que al insertar un palillo en el centro, éste salga limpio.

Pastel de frutas australiano

Rinde un pastel de 900 g/2 lb

100 g/4 oz/½ taza de mantequilla o margarina

225 g/8 oz/1 taza de azúcar morena blanda

250 ml/8 fl oz/1 taza de agua

350 g/12 oz/2 tazas de mezcla de frutas secas (mezcla para pastel de frutas)

5 ml/1 cucharadita de bicarbonato de sodio (bicarbonato de sodio)

10 ml/2 cucharaditas de especias mixtas molidas (pastel de manzana)

5 ml/1 cucharadita de jengibre molido

100 g/4 oz/1 taza de harina leudante

100 g/4 oz/1 taza de harina normal (para todo uso)

1 huevo batido

Llevar a ebullición todos los ingredientes excepto las harinas y el huevo en una cacerola. Retirar del fuego y dejar enfriar. Mezclar las harinas y el huevo. Coloque la mezcla en un molde para pan de 900 g/2 lb engrasado y forrado y hornee en un horno precalentado a 160 °C/325 °F/nivel de gas 3 durante 1 hora hasta que suba bien y un palillo insertado en el centro salga. salir limpio.

Pastel Rico Americano

Hace un pastel de 25 cm/10

225 g/8 oz/11/3 tazas de grosellas

100 g/4 oz/1 taza de almendras blanqueadas

15 ml/1 cucharada de agua de azahar

45 ml/3 cucharadas de jerez seco

1 yema de huevo grande

2 huevos

350 g/12 oz/1½ tazas de mantequilla o margarina, blanda

175 g/6 oz/¾ taza de azúcar en polvo (superfina)

Una pizca de maza molida

Una pizca de canela molida

Una pizca de clavo molido

Una pizca de jengibre molido

Una pizca de nuez moscada rallada

30 ml/2 cucharadas de brandy

225 g/8 oz/2 tazas de harina normal (para todo uso)

50 g/2 oz/½ taza de cáscara picada mixta (confitada)

Remoje las grosellas en agua caliente durante 15 minutos, luego escúrralas bien. Moler las almendras con el agua de azahar y 15 ml/1 cucharada de jerez hasta que quede fina. Batir la yema de huevo y los huevos. Batir la mantequilla o margarina y el azúcar, luego incorporar la mezcla de almendras y los huevos y batir hasta que quede blanco y espeso. Añadir las especias, el jerez restante y el brandy. Agregue la harina, luego mezcle las grosellas y la cáscara mixta. Vierta en un molde para pastel de 25 cm / 10 engrasado y hornee en un horno precalentado a 180 ° C / 350 ° F /

marca de gas 4 durante aproximadamente 1 hora hasta que un palillo insertado en el centro salga limpio.

Pastel de frutas de algarroba

Hace un pastel de 18 cm/7 pulgadas

450 g/1 lb/22/3 tazas de pasas

300 ml/½ pt/1¼ tazas de jugo de naranja

175 g/6 oz/¾ taza de mantequilla o margarina, blanda

3 huevos, ligeramente batidos

225 g/8 oz/2 tazas de harina normal (para todo uso)

75 g/3 oz/¾ taza de polvo de algarroba

10 ml/2 cucharaditas de levadura en polvo

Corteza rallada de 2 naranjas

50 g/2 oz/½ taza de nueces picadas

Remoje las pasas en el jugo de naranja durante la noche. Mezcle la mantequilla o margarina y los huevos hasta que quede suave. Mezcle gradualmente las pasas y el jugo de naranja y los ingredientes restantes. Vierta en un molde para pasteles (bandeja) de 18 cm / 7 engrasado y forrado y hornee en un horno precalentado a 180 ° C / 350 ° F / marca de gas 4 durante 30 minutos, luego reduzca la temperatura del horno a 160 ° C / 325 ° F/gas marca 3 durante 1¼ horas más hasta que al insertar un palillo en el centro, éste salga limpio. Dejar enfriar en el molde durante 10 minutos antes de desmoldar sobre una rejilla para que termine de enfriarse.

Pastel de café con frutas

Hace un pastel de 25 cm/10

450 g/1 lb/2 tazas de azúcar en polvo (superfina)

450 g/1 lb/2 tazas de dátiles sin hueso (sin hueso), picados

450 g/1 lb/22/3 tazas de pasas

450 g/1 lb/22/3 tazas sultanas (pasas doradas)

100 g/4 oz/½ taza de cerezas glaseadas (confitadas), picadas

100 g/4 oz/1 taza de nueces mixtas picadas

450 ml/¾ pt/2 tazas de café negro fuerte

120 ml/4 fl oz/½ taza de aceite

100 g/4 oz/1/3 taza de jarabe dorado (maíz claro)

10 ml/2 cucharaditas de canela molida

5 ml/1 cucharadita de nuez moscada rallada

Una pizca de sal

10 ml/2 cucharaditas de bicarbonato de sodio (bicarbonato de sodio)

15 ml/1 cucharada de agua

2 huevos, ligeramente batidos

450 g/1 lb/4 tazas de harina normal (para todo uso)

120 ml/4 fl oz/½ taza de jerez o brandy

Ponga a hervir todos los ingredientes excepto el bicarbonato de sodio, el agua, los huevos, la harina y el jerez o brandy en una cacerola de fondo grueso. Hervir durante 5 minutos, revolviendo continuamente, luego retirar del fuego y dejar enfriar.

Licuar el bicarbonato de sodio con el agua y agregar a la mezcla de frutas con los huevos y la harina. Vierta en un molde para pasteles (molde) de 25 cm/10 engrasado y forrado y ate una capa doble de papel resistente a la grasa (encerado) alrededor del exterior para que quede sobre la parte superior del molde. Hornee en un horno precalentado a 160°C/325°F/gas marca 3 durante 1 hora. Reduzca la temperatura del horno a 150 °C/300 °F/nivel de gas 2 y hornee durante 1 hora más. Reduzca la temperatura del horno a 140°C/275°F/nivel de gas 1 y hornee por una tercera hora. Reduzca la temperatura del horno nuevamente a 120°C/250°F/marca de gas ½ y hornee por una última hora, cubriendo la parte superior del pastel con papel encerado si comienza a dorarse demasiado. Cuando esté cocido, al insertar un palillo en el centro, éste saldrá limpio y el bizcocho comenzará a despegarse de las paredes del molde.

Torta Pesada De Cornualles

Rinde un pastel de 900 g/2 lb

350 g/12 oz/3 tazas de harina normal (para todo uso)

2,5 ml/½ cucharadita de sal

175 g/6 oz/¾ taza de manteca (manteca vegetal)

75 g/3 oz/1/3 taza de azúcar en polvo (superfina)

175 g/6 oz/1 taza de grosellas

Un poco de cáscara picada mixta (confitada) (opcional)

Aproximadamente 150 ml/¼ pt/2/3 taza de leche mezclada y agua

1 huevo batido

Coloque la harina y la sal en un tazón, luego frote la manteca de cerdo hasta que la mezcla parezca pan rallado. Agregue los ingredientes secos restantes. Agregue gradualmente suficiente leche y agua para hacer una masa dura. No tomará mucho. Estirar sobre una bandeja para hornear (galletas) engrasada de aproximadamente 1 cm/½ de grosor. Glasear con huevo batido. Dibuja un patrón entrecruzado en la parte superior con la punta de un cuchillo. Hornee en un horno precalentado a 160°C/325°F/gas marca 3 durante unos 20 minutos hasta que estén doradas. Dejar enfriar, luego cortar en cuadrados.

Pastel De Grosella

Hace un pastel de 23 cm/9 pulgadas

225 g/8 oz/1 taza de mantequilla o margarina

300 g/11 oz/1½ tazas de azúcar en polvo (superfina)

Una pizca de sal

100 ml/3½ fl oz/6½ cucharadas de agua hirviendo

3 huevos

400 g/14 oz/3½ tazas de harina normal (para todo uso)

175 g/6 oz/1 taza de grosellas

50 g/2 oz/½ taza de cáscara picada mixta (confitada)

100 ml/3½ fl oz/6½ cucharadas de agua fría

15 ml/1 cucharada de levadura en polvo

En un bol colocar la mantequilla o margarina, el azúcar y la sal, verter el agua hirviendo y dejar reposar hasta que se ablande. Batir rápidamente hasta que esté suave y cremoso. Agregue los huevos poco a poco, luego mezcle la harina, las grosellas y la cáscara mezclada alternativamente con el agua fría. Agregue el polvo de hornear. Vierta la masa en un molde para pasteles (bandeja) engrasado de 23 cm/9 pulgadas y hornee en un horno precalentado a 180 °C/350 °F/nivel de gas 4 durante 30 minutos. Reduzca la temperatura del horno a 150 °C/300 °F/nivel de gas 2 y hornee durante 40 minutos más hasta que al insertar un palillo en el centro, éste salga limpio. Dejar enfriar en el molde 10 minutos antes de desmoldar para terminar de enfriar sobre una rejilla.

Pastel de frutos negros

Hace un pastel de 25 cm/10

225 g/8 oz/1 taza de frutas mixtas glaseadas (confitadas) picadas

350 g/12 oz/2 tazas de dátiles sin hueso (sin hueso), picados

225 g/8 oz/11/3 tazas de pasas

225 g/8 oz/1 taza de cerezas glaseadas (confitadas), picadas

100 g/4 oz/½ taza de piña confitada (glacé), picada

100 g/4 oz/1 taza de nueces mixtas picadas

225 g/8 oz/2 tazas de harina normal (para todo uso)

5 ml/1 cucharadita de bicarbonato de sodio (bicarbonato de sodio)

5 ml/1 cucharadita de canela molida

2,5 ml/½ cucharadita de pimienta de Jamaica

1,5 ml/¼ de cucharadita de clavo molido

1,5 ml/¼ de cucharadita de sal

225 g/8 oz/1 taza de manteca (manteca vegetal)

225 g/8 oz/1 taza de azúcar morena blanda

3 huevos

175 g/6 oz/½ taza de melaza negra (melaza)

2,5 ml/½ cucharadita de esencia de vainilla (extracto)

120 ml/4 fl oz/½ taza de suero de leche

Mezcle las frutas y las nueces. Mezcle la harina, el bicarbonato de sodio, las especias y la sal y agregue 50 g/2 oz/½ taza a la fruta. Batir la manteca de cerdo y el azúcar hasta que quede suave y esponjoso. Poco a poco agregue los huevos, batiendo bien después de cada adición. Agregue la melaza y la esencia de vainilla. Agregue el suero de leche alternativamente con la mezcla de harina restante y bata hasta que quede suave. Agregue la fruta. Vierta en un molde para pasteles de 25 cm / 10 engrasado y forrado y hornee en un horno precalentado a 140 ° C / 275 ° F / marca de gas 1 durante 2½ horas hasta que un palillo insertado en el centro salga limpio. Dejar enfriar en el molde durante 10 minutos, luego desmoldar sobre una rejilla para que termine de enfriarse.

Pastel de cortar y volver

Hace un pastel de 20 cm/8 pulgadas

275 g/10 oz/12/3 tazas de mezcla de frutas secas (mezcla para pastel de frutas)

100 g/4 oz/½ taza de mantequilla o margarina

150 ml/¼ pt/2/3 taza de agua

1 huevo batido

225 g/8 oz/2 tazas de harina normal (para todo uso)

Una pizca de sal

100 g/4 oz/½ taza de azúcar en polvo (superfina)

Ponga la fruta, la mantequilla o margarina y el agua en una cacerola y cocine a fuego lento durante 20 minutos. Dejar enfriar. Agregue el huevo, luego agregue gradualmente la harina, la sal y el azúcar. Vierta en un molde para pasteles (bandeja) de 20 cm/8 pulgadas engrasado y hornee en un horno precalentado a 160 °C/325 °F/nivel de gas 3 durante 1¼ horas hasta que un palillo insertado en el centro salga limpio.

Torta Dundee

Hace un pastel de 20 cm/8 pulgadas

225 g/8 oz/1 taza de mantequilla o margarina, blanda

225 g/8 oz/1 taza de azúcar en polvo (superfina)

4 huevos grandes

225 g/8 oz/2 tazas de harina normal (para todo uso)

Una pizca de sal

350 g/12 oz/2 tazas de grosellas

350 g/12 oz/2 tazas sultanas (pasas doradas)

175 g/6 oz/1 taza de cáscara picada mixta (confitada)

100 g/4 oz/1 taza de cerezas glaseadas (confitadas), cortadas en cuartos

cáscara rallada de ½ limón

50 g/2 oz de almendras enteras, blanqueadas

Batir la mantequilla y el azúcar hasta que estén pálidos y ligeros. Batir los huevos uno a la vez, batiendo bien entre cada adición. Incorpore la harina y la sal. Agregue la fruta y la cáscara de limón. Picar la mitad de las almendras y añadirlas a la mezcla. Vierta con una cuchara en un molde para pastel (sartén) de 20 cm/8 engrasado y forrado y ate una banda de papel marrón alrededor del exterior del molde para que sea aproximadamente 5 cm/2 pulgadas más alto que el molde. Parte las almendras reservadas y colócalas en círculos concéntricos en la parte superior del pastel. Hornee en un horno precalentado a 150°C/300°F/nivel de gas 2 durante 3½ horas hasta que al insertar un palillo en el centro, éste salga limpio. Verifique después de 2½ horas y si el pastel comienza a dorarse demasiado en la parte superior, cúbralo con papel encerado húmedo y reduzca la temperatura del horno a 140 °C/275 °F/marca de gas 1 durante la última hora de cocción.

Pastel de frutas sin huevo durante la noche

Hace un pastel de 20 cm/8 pulgadas

50 g/2 oz/¼ taza de mantequilla o margarina

225 g/8 oz/2 tazas de harina leudante

5 ml/1 cucharadita de bicarbonato de sodio (bicarbonato de sodio)

5 ml/1 cucharadita de nuez moscada rallada

5 ml / 1 cucharadita de especias mixtas molidas (pastel de manzana)

Una pizca de sal

225 g/8 oz/11/3 tazas de mezcla de frutas secas (mezcla para pastel de frutas)

100 g/4 oz/½ taza de azúcar morena blanda

250 ml/8 fl oz/1 taza de leche

Frote la mantequilla o la margarina en la harina, el bicarbonato de sodio, las especias y la sal hasta que la mezcla parezca pan rallado. Mezcle la fruta y el azúcar, luego agregue la leche hasta que todos los ingredientes estén bien mezclados. Cubra y deje toda la noche.

Vierta la mezcla en un molde para pasteles de 20 cm / 8 pulgadas engrasado y forrado y hornee en un horno precalentado a 180 ° C / 350 ° F / marca de gas 4 durante 1¾ horas hasta que un palillo insertado en el centro salga limpio.

Pastel de frutas infalible

Hace un pastel de 23 cm/9 pulgadas

225 g/8 oz/1 taza de mantequilla o margarina

200 g/7 oz/escasos 1 taza de azúcar en polvo (superfina)

175 g/6 oz/1 taza de grosellas

175 g/6 oz/1 taza de sultanas (pasas doradas)

50 g/2 oz/½ taza de cáscara picada mixta (confitada)

75 g/3 oz/½ taza de dátiles sin hueso (sin hueso), picados

5 ml/1 cucharadita de bicarbonato de sodio (bicarbonato de sodio)

200 ml/7 fl oz/escaso 1 taza de agua

75 g/2 oz/¼ taza de cerezas glaseadas (confitadas), picadas

100 g/4 oz/1 taza de nueces mixtas picadas

60 ml/4 cucharadas de brandy o jerez

300 g/11 oz/2¾ tazas de harina normal (para todo uso)

5 ml/1 cucharadita de levadura en polvo

Una pizca de sal

2 huevos, ligeramente batidos

Derrita la mantequilla o la margarina, luego agregue el azúcar, las grosellas, las sultanas, la cáscara mixta y los dátiles. Mezcle el bicarbonato de sodio con un poco de agua y agregue la mezcla de frutas con el agua restante. Llevar a ebullición, luego cocine a fuego lento durante 20 minutos, revolviendo ocasionalmente. Cubra y deje reposar durante la noche.

Engrase y forre un molde para pasteles de 23 cm/9 pulgadas y ate una capa doble de papel resistente a la grasa (encerado) o marrón para colocarlo sobre la parte superior del molde. Agregue las cerezas glaseadas, las nueces y el brandy o el jerez a la mezcla, luego agregue la harina, el polvo de hornear y la sal. Agregue los huevos. Vierta en el molde para pastel preparado y hornee en un horno precalentado a 160°C/ 325°F/nivel de gas 3 durante 1 hora. Reduzca la temperatura del horno a 140°C/275°F/nivel de gas 1 y hornee durante 1 hora más. Reduzca la temperatura del horno nuevamente a 120°C/250°F/marca de gas ½ y hornee por 1 hora más hasta que un palillo insertado en el centro salga limpio. Cubra la parte superior del pastel con un círculo de papel resistente a la grasa o marrón hacia el final del tiempo de cocción si se está dorando demasiado. Deje enfriar en la lata durante 30 minutos, luego desmolde sobre una rejilla para terminar de enfriar.

Pastel de frutas de jengibre

Hace un pastel de 18 cm/7 pulgadas

100 g/4 oz/½ taza de mantequilla o margarina, blanda

100 g/4 oz/½ taza de azúcar en polvo (superfina)

2 huevos, ligeramente batidos

30 ml/2 cucharadas de leche

225 g/8 oz/2 tazas de harina leudante

5 ml/1 cucharadita de levadura en polvo

10 ml/2 cucharaditas de especias mixtas molidas (pastel de manzana)

5 ml/1 cucharadita de jengibre molido

100 g/4 oz/2/3 taza de pasas

100 g/4 oz/2/3 taza de sultanas (pasas doradas)

Batir la mantequilla o margarina y el azúcar hasta que quede suave y esponjosa. Mezcle gradualmente los huevos y la leche, luego agregue la harina, el polvo de hornear y las especias, luego la fruta. Vierta la mezcla en un molde para pastel de 18 cm / 7 engrasado y forrado y hornee en un horno precalentado a 160 ° C / 325 ° F / marca de gas 3 durante 1¼ horas hasta que esté bien levantado y dorado.

Pastel de frutas con miel de campo

Hace un pastel de 20 cm/8 pulgadas

175 g/6 oz/2/3 taza de mantequilla o margarina, blanda

175 g/6 oz/½ taza de miel clara

cáscara rallada de 1 limón

3 huevos, ligeramente batidos

225 g/8 oz/2 tazas de harina integral (integral)

10 ml/2 cucharaditas de levadura en polvo

5 ml / 1 cucharadita de especias mixtas molidas (pastel de manzana)

100 g/4 oz/2/3 taza de pasas

100 g/4 oz/2/3 taza de sultanas (pasas doradas)

100 g/4 oz/2/3 taza de grosellas

50 g/2 oz/1/3 taza de albaricoques secos listos para comer, picados

50 g/2 oz/1/3 taza de cáscara picada mixta (confitada)

25 g/1 oz/¼ taza de almendras molidas

25 g/1 oz/¼ taza de almendras

Batir la mantequilla o margarina, la miel y la ralladura de limón hasta que quede suave y esponjosa. Agregue gradualmente los huevos, luego agregue la harina, el polvo de hornear y las especias mixtas. Agregue la fruta y las almendras molidas. Vierta en un molde para pasteles de 20 cm / 8 engrasado y forrado y haga un pequeño hueco en el centro. Coloca las almendras alrededor del borde superior del pastel. Hornee en un horno precalentado a 160 °C/325 °F/nivel de gas 3 durante 2–2½ horas hasta que al insertar un palillo en el centro, éste salga limpio. Cubra la parte superior del pastel con papel resistente a la grasa (encerado) hacia el final del tiempo de cocción si se está dorando demasiado. Dejar enfriar en el molde durante 10 minutos antes de desmoldar sobre una rejilla para que termine de enfriarse.

Pastel de Génova

Hace un pastel de 23 cm/9 pulgadas

225 g/8 oz/1 taza de mantequilla o margarina, blanda

100 g/4 oz/½ taza de azúcar en polvo (superfina)

4 huevos, separados

5 ml/1 cucharadita de esencia de almendras (extracto)

5 ml/1 cucharadita de piel de naranja rallada

225 g/8 oz/11/3 tazas de pasas picadas

100 g/4 oz/2/3 taza de grosellas picadas

100 g/4 oz/2/3 taza de sultanas (pasas doradas), picadas

50 g/2 oz/¼ taza de cerezas glaseadas (confitadas), picadas

50 g/2 oz/1/3 taza de cáscara picada mixta (confitada)

100 g/4 oz/1 taza de almendras molidas

25 g/1 oz/¼ taza de almendras

350 g/12 oz/3 tazas de harina normal (para todo uso)

10 ml/2 cucharaditas de levadura en polvo

5 ml/1 cucharadita de canela molida

Batir la mantequilla o margarina y el azúcar, luego incorporar las yemas de huevo, la esencia de almendras y la ralladura de naranja. Mezclar las frutas y nueces con un poco de harina hasta cubrir, luego agregar cucharadas de harina, polvo para hornear y canela alternando con cucharadas de la mezcla de frutas hasta que todo esté bien mezclado. Batir las claras de huevo a punto de nieve, luego incorporarlas a la mezcla. Vierta en un molde para pasteles de 23 cm / 9 engrasado y forrado y hornee en un horno precalentado a 190 ° C / 375 ° F / marca de gas 5 durante 30 minutos, luego reduzca la temperatura del horno a 160 ° C / 325 ° F/gas marca 3 durante 1½ horas más hasta que esté elástico al tacto y al insertar un palillo en el centro, éste salga limpio. Dejar enfriar en el molde.

Pastel de frutas glaseadas

Hace un pastel de 23 cm/9 pulgadas

225 g/8 oz/1 taza de mantequilla o margarina, blanda

225 g/8 oz/1 taza de azúcar en polvo (superfina)

4 huevos, ligeramente batidos

45 ml/3 cucharadas de brandy

250 g/9 oz/1¼ tazas de harina normal (para todo uso)

2,5 ml/½ cucharadita de levadura en polvo

Una pizca de sal

225 g/8 oz/1 taza de frutas glaseadas (confitadas) como cerezas, piña, naranjas, higos, en rodajas

100 g/4 oz/2/3 taza de pasas

100 g/4 oz/2/3 taza de sultanas (pasas doradas)

75 g/3 oz/½ taza de grosellas

50 g/2 oz/½ taza de nueces mixtas picadas

cáscara rallada de 1 limón

Batir la mantequilla o margarina y el azúcar hasta que quede suave y esponjoso. Mezcle gradualmente los huevos y el brandy. En un recipiente aparte, mezcle los ingredientes restantes hasta que la fruta esté bien cubierta con harina. Revuelva en la mezcla y mezcle bien. Vierta en un molde para pasteles de 23 cm / 9 pulgadas engrasado y hornee en un horno precalentado a 180 ° C / 350 ° F / marca de gas 4 durante 30 minutos. Reduzca la temperatura del horno a 150°C/300°F/nivel de gas 3 y hornee por 50 minutos más hasta que al insertar un palillo en el centro, éste salga limpio.

Pastel de frutas Guinness

Hace un pastel de 23 cm/9 pulgadas

225 g/8 oz/1 taza de mantequilla o margarina

225 g/8 oz/1 taza de azúcar morena blanda

300 ml/½ pt/1¼ tazas Guinness o stout

225 g/8 oz/11/3 tazas de pasas

225 g/8 oz/11/3 tazas sultanas (pasas doradas)

225 g/8 oz/11/3 tazas de grosellas

100 g/4 oz/2/3 taza de cáscara picada mixta (confitada)

550 g/1¼ lb/5 tazas de harina normal (para todo uso)

2,5 ml/½ cucharadita de bicarbonato de sodio (bicarbonato de sodio)

5 ml / 1 cucharadita de especias mixtas molidas (pastel de manzana)

2,5 ml/½ cucharadita de nuez moscada rallada

3 huevos, ligeramente batidos

Ponga a hervir la mantequilla o margarina, el azúcar y la Guinness en una cacerola pequeña a fuego lento, revolviendo hasta que se mezclen bien. Mezcle la fruta y la cáscara mezclada, hierva, luego cocine a fuego lento durante 5 minutos. Retirar del fuego y dejar enfriar.

Mezclar la harina, el bicarbonato de sodio y las especias y hacer un hueco en el centro. Agregue la mezcla de frutas frescas y los huevos y mezcle hasta que estén bien mezclados. Vierta en un molde para pasteles de 23 cm / 9 engrasado y forrado y hornee en un horno precalentado a 160 ° C / 325 ° F / marca de gas 3 durante 2 horas hasta que un palillo insertado en el centro salga limpio. Dejar enfriar en el molde durante 20 minutos y luego desmoldar sobre una rejilla para que termine de enfriarse.

Pastel de carne picada

Hace un pastel de 20 cm/8 pulgadas

225 g/8 oz/2 tazas de harina leudante

350 g/12 oz/2 tazas de carne picada

75 g/3 oz/½ taza de mezcla de frutas secas (mezcla para pastel de frutas)

3 huevos

150 g/5 oz/2/3 taza de margarina suave

150 g/5 oz/2/3 taza de azúcar morena blanda

Mezcle todos los ingredientes hasta que estén bien mezclados. Convierta en un molde para pastel de 20 cm / 8 engrasado y forrado y hornee en un horno precalentado a 160 ° C / 325 ° F / marca de gas 3 durante 1¾ horas hasta que esté bien levantado y firme al tacto.

Pastel de frutas de avena y albaricoque

Hace un pastel de 20 cm/8 pulgadas

175 g/6 oz/¾ taza de mantequilla o margarina, blanda

50 g/2 oz/¼ taza de azúcar morena suave

30 ml/2 cucharadas de miel clara

3 huevos batidos

175 g/6 oz/¼ tazas de harina integral (integral)

50 g/2 oz/½ taza de harina de avena

10 ml/2 cucharaditas de levadura en polvo

250 g/9 oz/1½ tazas de mezcla de frutas secas (mezcla para pastel de frutas)

50 g/2 oz/1/3 taza de albaricoques secos listos para comer, picados

Corteza rallada y jugo de 1 limón

Batir la mantequilla o margarina y el azúcar con la miel hasta que quede suave y esponjosa. Batir poco a poco los huevos alternando con las harinas y el polvo de hornear. Agregue la fruta seca y el jugo de limón y la cáscara. Vierta en un molde para pasteles de 20 cm / 8 pulgadas engrasado y forrado y hornee en un horno precalentado a 180 ° C / 350 ° F / marca de gas 4 durante 1 hora. Reduzca la temperatura del horno a 160°C/325°F/nivel de gas 3 y hornee por 30 minutos más hasta que al insertar un palillo en el centro, éste salga limpio. Cubra la parte superior con papel para hornear si el pastel comienza a dorarse demasiado rápido.

Pastel de frutas durante la noche

Hace un pastel de 20 cm/8 pulgadas

450 g/1 lb/4 tazas de harina normal (para todo uso)

225 g/8 oz/11/3 tazas de grosellas

225 g/8 oz/11/3 tazas sultanas (pasas doradas)

225 g/8 oz/1 taza de azúcar morena blanda

50 g/2 oz/1/3 taza de cáscara picada mixta (confitada)

175 g/6 oz/¾ taza de manteca (manteca vegetal)

15 ml/1 cucharada de jarabe dorado (maíz claro)

10 ml/2 cucharaditas de bicarbonato de sodio (bicarbonato de sodio)

15 ml/1 cucharada de leche

300 ml/½ pinta/1¼ tazas de agua

Mezcle la harina, las frutas, el azúcar y la cáscara. Derrita la manteca de cerdo y el jarabe y revuélvalos en la mezcla. Disuelve el bicarbonato de sodio en la leche y revuélvelo en la mezcla del pastel con el agua. Con una cuchara, vierta en un molde para pastel engrasado de 20 cm/8 pulgadas, cubra y deje reposar toda la noche.

Hornea el pastel en un horno precalentado a 160 °C/375 °F/nivel de gas 3 durante 1¾ horas hasta que al insertar un palillo en el centro, éste salga limpio.

Pastel de pasas y especias

Rinde una hogaza de 900 g/2 lb

225 g/8 oz/1 taza de azúcar morena blanda

300 ml/½ pinta/1¼ tazas de agua

100 g/4 oz/½ taza de mantequilla o margarina

15 ml/1 cucharada de melaza negra (melaza)

175 g/6 oz/1 taza de pasas

5 ml/1 cucharadita de canela molida

2. 5 ml/½ cucharadita de nuez moscada rallada

2,5 ml/½ cucharadita de pimienta de Jamaica

225 g/8 oz/2 tazas de harina normal (para todo uso)

5 ml/1 cucharadita de levadura en polvo

5 ml/1 cucharadita de bicarbonato de sodio (bicarbonato de sodio)

Derrita el azúcar, el agua, la mantequilla o margarina, la melaza, las pasas y las especias en una cacerola pequeña a fuego medio, revolviendo continuamente. Llevar a ebullición y cocine a fuego lento durante 5 minutos. Retire del fuego y agregue los ingredientes restantes. Vierta la mezcla en un molde para pan de 900 g/2 lb engrasado y forrado y hornee en un horno precalentado a 180 ° C / 350 ° F / marca de gas 4 durante 50 minutos hasta que un palillo insertado en el centro salga limpio.

Pastel Richmond

Hace un pastel de 15 cm/6 pulgadas

225 g/8 oz/2 tazas de harina normal (para todo uso)

Una pizca de sal

75 g/3 oz/1/3 taza de mantequilla o margarina

100 g/4 oz/½ taza de azúcar en polvo (superfina)

2,5 ml/½ cucharadita de levadura en polvo

100 g/4 oz/2/3 taza de grosellas

2 huevos batidos

Un poco de leche

Coloque la harina y la sal en un tazón y frote la mantequilla o la margarina hasta que la mezcla parezca pan rallado. Agregue el azúcar, el polvo de hornear y las grosellas. Agregue los huevos y suficiente leche para mezclar hasta obtener una masa espesa. Transformar en un molde para bizcocho de 15 cm engrasado y forrado. Hornee en un horno precalentado a 190°C/375°F/marca de gas 5 durante aproximadamente 45 minutos hasta que un palillo insertado en el centro salga limpio. Déjelo enfriar en una rejilla de alambre.

Pastel de frutas con azafrán

Rinde dos tortas de 450 g/1 lb

2,5 ml/½ cucharadita de hebras de azafrán

Agua tibia

15 g/½ oz de levadura fresca o 20 ml/4 cucharaditas de levadura seca

900 g/2 lb/8 tazas de harina normal (para todo uso)

225 g/8 oz/1 taza de azúcar en polvo (superfina)

2,5 ml/½ cucharadita de especias mixtas molidas (pastel de manzana)

Una pizca de sal

100 g/4 oz/½ taza de manteca (manteca vegetal)

100 g/4 oz/½ taza de mantequilla o margarina

300 ml/½ pt/1¼ tazas de leche tibia

350 g/12 oz/2 tazas de mezcla de frutas secas (mezcla para pastel de frutas)

50 g / 2 oz / 1/3 taza de cáscara picada mixta (confitada)

Picar las hebras de azafrán y remojarlas en 45 ml/3 cucharadas de agua tibia durante la noche.

Mezcle la levadura con 30 ml/2 cucharadas de harina, 5 ml/1 cucharadita de azúcar y 75 ml/5 cucharadas de agua tibia y déjela en un lugar cálido durante 20 minutos hasta que esté espumosa.

Mezcle el resto de la harina y el azúcar con las especias y la sal. Frote la manteca de cerdo y la mantequilla o margarina hasta que la mezcla parezca pan rallado, luego haga un pozo en el centro. Agregue la mezcla de levadura, el azafrán y el azafrán líquido, la leche tibia, la fruta y la cáscara mixta y mezcle hasta obtener una masa suave. Colocar en un recipiente aceitado, cubrir con film transparente (envoltura de plástico) y dejar en un lugar cálido durante 3 horas.

Forme dos panes, colóquelos en dos moldes para pan (bandejas) de 450 g/1 lb engrasados y hornee en un horno precalentado a 220 °C/450 °F/nivel de gas 7 durante 40 minutos hasta que estén bien subidos y dorados.

Pastel De Fruta De Soda

Rinde un pastel de 450 g/1 lb

225 g/8 oz/2 tazas de harina normal (para todo uso)

1,5 ml/¼ de cucharadita de sal

Una pizca de bicarbonato de sodio (bicarbonato de sodio)

50 g/2 oz/¼ taza de mantequilla o margarina

50 g/2 oz/¼ taza de azúcar en polvo (superfina)

100 g/4 oz/2/3 taza de mezcla de frutas secas (mezcla para pastel de frutas)

150 ml/¼ pt/2/3 taza de leche agria o leche con 5 ml/1 cucharadita de jugo de limón

5 ml/1 cucharadita de melaza negra (melaza)

Mezcle la harina, la sal y el bicarbonato de sodio en un tazón. Frote la mantequilla o la margarina hasta que la mezcla parezca pan rallado. Agregue el azúcar y la fruta y mezcle bien. Caliente la leche y la melaza hasta que la melaza se haya derretido, luego agregue a los ingredientes secos y mezcle hasta obtener una masa espesa. Vierta en un molde para pan (bandeja) engrasado de 450 g/1 lb y hornee en un horno precalentado a 190 °C/375 °F/nivel de gas 5 durante unos 45 minutos hasta que esté dorado.

Pastel de frutas rápido

Hace un pastel de 20 cm/8 pulgadas

450 g/1 lb/2⅔ tazas de frutas secas mixtas (mezcla para pastel de frutas)

225 g/8 oz/1 taza de azúcar morena blanda

100 g/4 oz/½ taza de mantequilla o margarina

150 ml/¼ pt/2/3 taza de agua

2 huevos batidos

225 g/8 oz/2 tazas de harina leudante

Lleve a ebullición la fruta, el azúcar, la mantequilla o margarina y el agua, luego cubra y cocine a fuego lento durante 15 minutos. Dejar enfriar. Agregue los huevos y la harina, luego vierta la mezcla en un molde para pastel engrasado y forrado de 20 cm/8 y hornee en un horno precalentado a 150°C/300°F/nivel de gas 3 durante 1½ horas hasta que se dore por encima y se encoja. lejos de los lados de la lata.

Pastel de frutas con té caliente

Rinde un pastel de 900 g/2 lb

450 g/1 lb/2½ tazas de mezcla de frutas secas (mezcla para pastel de frutas)

300 ml/½ pt/1¼ tazas de té negro caliente

350 g/10 oz/1¼ tazas de azúcar morena blanda

350 g/10 oz/2½ tazas de harina leudante

1 huevo batido

Coloque la fruta en el té caliente y déjala en remojo durante la noche. Agregue el azúcar, la harina y el huevo y convierta en un molde para pan de 900 g / 2 lb engrasado y forrado. Hornee en un horno precalentado a 160°C/325°F/nivel de gas 3 durante 2 horas hasta que suba bien y se dore.

Pastel de frutas de té frío

Hace un pastel de 15 cm/6 pulgadas

100 g/4 oz/½ taza de mantequilla o margarina

225 g/8 oz/11/3 tazas de mezcla de frutas secas (mezcla para pastel de frutas)

250 ml/8 fl oz/1 taza de té negro frío

225 g/8 oz/2 tazas de harina leudante

100 g/4 oz/½ taza de azúcar en polvo (superfina)

5 ml/1 cucharadita de bicarbonato de sodio (bicarbonato de sodio)

1 huevo grande

Derretir la mantequilla o la margarina en una cacerola, agregar la fruta y el té y llevar a ebullición. Cocine a fuego lento durante 2 minutos, luego deje que se enfríe. Agregue los ingredientes restantes y mezcle bien. Vierta en un molde para pasteles de 15 cm / 6 engrasado y forrado y hornee en un horno precalentado a 160 ° C / 325 ° F / marca de gas 3 durante 1¼–1½ horas hasta que esté firme al tacto. Dejar enfriar, luego servir en rodajas y untar con mantequilla.

Pastel de frutas sin azúcar

Hace un pastel de 20 cm/8 pulgadas

4 albaricoques secos

60 ml/4 cucharadas de jugo de naranja

250 ml/8 fl oz/1 taza de cerveza negra

100 g/4 oz/2/3 taza de sultanas (pasas doradas)

100 g/4 oz/2/3 taza de pasas

50 g/2 oz/¼ taza de grosellas

50 g/2 oz/¼ taza de mantequilla o margarina

225 g/8 oz/2 tazas de harina leudante

75 g/3 oz/¾ taza de nueces mixtas picadas

10 ml/2 cucharaditas de especias mixtas molidas (pastel de manzana)

5 ml/1 cucharadita de café instantáneo en polvo

3 huevos, ligeramente batidos

15 ml/1 cucharada de brandy o whisky

Remoje los albaricoques en el jugo de naranja hasta que estén suaves, luego pique. Coloque en una sartén con la cerveza negra, las frutas secas y la mantequilla o margarina, hierva y cocine a fuego lento durante 20 minutos. Dejar enfriar.

Mezcle la harina, las nueces, las especias y el café. Mezcle la mezcla de cerveza negra, los huevos y el brandy o el whisky. Vierta la mezcla en un molde para pastel de 20 cm / 8 engrasado y forrado y hornee en un horno precalentado a 180 ° C / 350 ° F / marca de gas 4 durante 20 minutos. Reduzca la temperatura del horno a 150 °C/300 °F/nivel de gas 2 y hornee durante 1 hora y media más hasta que al insertar un palillo en el centro, éste salga limpio. Cubra la parte superior con papel resistente a la grasa (encerado) hacia el final del tiempo de cocción si se está dorando demasiado.

Dejar enfriar en el molde durante 10 minutos antes de desmoldar sobre una rejilla para que termine de enfriarse.

Pasteles de frutas diminutas

Hace 48

100 g/4 oz/½ taza de mantequilla o margarina, blanda

225 g/8 oz/1 taza de azúcar morena blanda

2 huevos, ligeramente batidos

175 g/6 oz/1 taza de dátiles sin hueso (sin hueso), picados

50 g/2 oz/½ taza de nueces mixtas picadas

15 ml/1 cucharada de piel de naranja rallada

225 g/8 oz/2 tazas de harina normal (para todo uso)

5 ml/1 cucharadita de bicarbonato de sodio (bicarbonato de sodio)

2,5 ml/½ cucharadita de sal

150 ml/¼ pt/2/3 taza de suero de leche

6 cerezas glacé (confitadas), en rodajas

Glaseado De Pastel De Frutas De Naranja

Bate la mantequilla o margarina y el azúcar hasta que quede suave y esponjosa. Batir los huevos poco a poco. Agregue los dátiles, las nueces y la cáscara de naranja. Mezclar la harina, el bicarbonato de sodio y la sal. Agregue a la mezcla alternando con el suero de leche y bata hasta que esté bien combinado. Vierta en moldes para muffins (moldes) de 5 cm/2 engrasados y decore con las cerezas. Hornear en horno precalentado a 190°C/375°F/marca de gas 5 durante 20 minutos hasta que al insertar un palillo en el centro, éste salga limpio. Transfiera a una rejilla para enfriar y déjelo hasta que esté tibio, luego cepille con el glaseado de naranja.

Pastel de vinagre de frutas

Hace un pastel de 23 cm/9 pulgadas

225 g/8 oz/1 taza de mantequilla o margarina

450 g/1 lb/4 tazas de harina normal (para todo uso)

225 g/8 oz/11/3 tazas sultanas (pasas doradas)

100 g/4 oz/2/3 taza de pasas

100 g/4 oz/2/3 taza de grosellas

225 g/8 oz/1 taza de azúcar morena blanda

5 ml/1 cucharadita de bicarbonato de sodio (bicarbonato de sodio)

300 ml/½ pt/1¼ tazas de leche

45 ml/3 cucharadas de vinagre de malta

Frote la mantequilla o la margarina en la harina hasta que la mezcla parezca pan rallado. Agregue la fruta y el azúcar y haga un pozo en el centro. Mezcle el bicarbonato de sodio, la leche y el vinagre; la mezcla hará espuma. Agregue los ingredientes secos hasta que estén bien mezclados. Vierta la mezcla en un molde para pastel de 23 cm / 9 engrasado y forrado y hornee en un horno precalentado a 200 ° C / 400 ° F / marca de gas 6 durante 25 minutos. Reduzca la temperatura del horno a 160°C/325°F/nivel de gas 3 y hornee durante 1½ horas más hasta que esté dorado y firme al tacto. Dejar enfriar en el molde durante 5 minutos, luego desmoldar sobre una rejilla para que termine de enfriarse.

Pastel de whisky de Virginia

Rinde un pastel de 450 g/1 lb

100 g/4 oz/½ taza de mantequilla o margarina, blanda

50 g/2 oz/¼ taza de azúcar en polvo (superfina)

3 huevos, separados

175 g/6 oz/1½ tazas de harina normal (para todo uso)

5 ml/1 cucharadita de levadura en polvo

Una pizca de nuez moscada rallada

Una pizca de maza molida

Oporto de 120 ml/4 fl oz/½ taza

30 ml/2 cucharadas de brandy

100 g/4 oz/2/3 taza de mezcla de frutas secas (mezcla para pastel de frutas)

120 ml/4 fl oz/½ taza de whisky

Batir la mantequilla y el azúcar hasta que quede suave. Mezclar las yemas de huevo. Mezcle la harina, el polvo de hornear y las especias y revuelva en la mezcla. Agregue el oporto, el brandy y los frutos secos. Bate las claras de huevo hasta que formen picos suaves, luego incorpóralas a la mezcla. Vierta en un molde para pan de 450 g/1 lb engrasado y hornee en un horno precalentado a 160 °C/325 °F/nivel de gas 3 durante 1 hora hasta que al insertar un palillo en el centro, éste salga limpio. Dejar enfriar en el molde, luego verter el whisky sobre el bizcocho y dejar en el molde 24 horas antes de cortar.

Tarta galesa de frutas

Hace un pastel de 23 cm/9 pulgadas

50 g/2 oz/¼ taza de mantequilla o margarina

50 g/2 oz/¼ taza de manteca (manteca vegetal)

225 g/8 oz/2 tazas de harina normal (para todo uso)

Una pizca de sal

10 ml/2 cucharaditas de levadura en polvo

100 g/4 oz/½ taza de azúcar demerara

175 g/6 oz/1 taza de mezcla de frutas secas (mezcla para pastel de frutas)

Corteza rallada y jugo de ½ limón

1 huevo, ligeramente batido

30 ml/2 cucharadas de leche

Frote la mantequilla o la margarina y la manteca de cerdo en la harina, la sal y el polvo de hornear hasta que la mezcla parezca pan rallado. Agregue el azúcar, la fruta y la cáscara de limón y el jugo, luego mezcle el huevo y la leche y amase hasta obtener una masa suave. Forme un molde para hornear cuadrado de 23 cm / 9 pulgadas engrasado y forrado y hornee en un horno precalentado a 200 ° C / 400 ° F / marca de gas 6 durante 20 minutos hasta que se levante y se dore.

Pastel de frutas blancas

Hace un pastel de 23 cm/9 pulgadas

100 g/4 oz/½ taza de mantequilla o margarina, blanda

225 g/8 oz/1 taza de azúcar en polvo (superfina)

5 huevos, ligeramente batidos

350 g/12 oz/2 tazas de frutos secos mixtos

350 g/12 oz/2 tazas sultanas (pasas doradas)

100 g/4 oz/2/3 taza de dátiles sin hueso (sin hueso), picados

100 g/4 oz/½ taza de cerezas glaseadas (confitadas), picadas

100 g/4 oz/½ taza de piña confitada (glacé), picada

100 g/4 oz/1 taza de nueces mixtas picadas

225 g/8 oz/2 tazas de harina normal (para todo uso)

10 ml/2 cucharaditas de levadura en polvo

2,5 ml/½ cucharadita de sal

60 ml/4 cucharadas de jugo de piña

Batir la mantequilla o margarina y el azúcar hasta que quede suave y esponjoso. Poco a poco agregue los huevos, batiendo bien después de cada adición. Mezcle todas las frutas, las nueces y un poco de harina hasta que los ingredientes estén bien cubiertos de harina. Mezcle el polvo de hornear y la sal con la harina restante, luego incorpórelo a la mezcla de huevo alternando con el jugo de piña hasta que se mezcle uniformemente. Agregue la fruta y mezcle bien. Vierta en un molde para pastel de 23 cm / 9 engrasado y forrado y hornee en un horno precalentado a 140 ° C / 275 ° F / marca de gas 1 durante aproximadamente 2½ horas hasta que un palillo insertado en el centro salga limpio. Dejar enfriar en el molde durante 10 minutos antes de desmoldar sobre una rejilla para que termine de enfriarse.

Tarta de manzana

Hace un pastel de 20 cm/8 pulgadas

175 g/6 oz/1½ tazas de harina leudante

5 ml/1 cucharadita de levadura en polvo

Una pizca de sal

150 g/5 oz/2/3 taza de mantequilla o margarina

150 g/5 oz/2/3 taza de azúcar en polvo (superfina)

1 huevo batido

175 ml/6 fl oz/¾ taza de leche

3 manzanas para comer (de postre), peladas, sin corazón y en rodajas

2,5 ml/½ cucharadita de canela molida

15 ml/1 cucharada de miel clara

Mezclar la harina, el poder de hornear y la sal. Frote la mantequilla o la margarina hasta que la mezcla parezca pan rallado, luego agregue el azúcar. Mezclar el huevo y la leche. Vierta la mezcla en un molde para pastel de 20 cm / 8 engrasado y forrado y presione suavemente las rodajas de manzana en la parte superior. Espolvorear con la canela y rociar con la miel. Hornee en un horno precalentado a 200°C/400°F/nivel de gas 6 durante 45 minutos hasta que esté dorado y firme al tacto.

Tarta de manzana especiada con cubierta crujiente

Hace un pastel de 20 cm/8 pulgadas

75 g/3 oz/1/3 taza de mantequilla o margarina

175 g/6 oz/1½ tazas de harina leudante

50 g/2 oz/¼ taza de azúcar en polvo (superfina)

1 huevo

75 ml/5 cucharadas de agua

3 manzanas para comer (de postre), peladas, sin corazón y cortadas en gajos

Para la cobertura:
75 g/3 oz/1/3 taza de azúcar demerara

10 ml/2 cucharaditas de canela molida

25 g/1 oz/2 cucharadas de mantequilla o margarina

Frote la mantequilla o la margarina en la harina hasta que la mezcla parezca pan rallado. Agregue el azúcar, luego mezcle el huevo y el agua para hacer una masa suave. Agregue un poco más de agua si la mezcla está demasiado seca. Extienda la masa en un molde para pasteles de 20 cm/8 pulgadas y presione las manzanas en la masa. Espolvorear con el azúcar demerara y la canela y sazonar con la mantequilla o margarina. Hornee en un horno precalentado a 180 °C/350 °F/marca de gas 4 durante 30 minutos hasta que estén doradas y firmes al tacto.

Pastel de manzana americano

Hace un pastel de 20 cm/8 pulgadas

50 g/2 oz/¼ taza de mantequilla o margarina, blanda

225 g/8 oz/1 taza de azúcar morena blanda

1 huevo, ligeramente batido

5 ml/1 cucharadita esencia de vainilla (extracto)

100 g/4 oz/1 taza de harina normal (para todo uso)

2,5 ml/½ cucharadita de levadura en polvo

2,5 ml/½ cucharadita de bicarbonato de sodio (bicarbonato de sodio)

2,5 ml/½ cucharadita de sal

2,5 ml/½ cucharadita de canela molida

2,5 ml/½ cucharadita de nuez moscada rallada

450 g/1 lb para comer (postre) manzanas, peladas, sin corazón y cortadas en cubitos

25 g/1 oz/¼ taza de almendras picadas

Bate la mantequilla o margarina y el azúcar hasta que quede suave y esponjosa. Incorporar poco a poco el huevo y la esencia de vainilla. Mezcle la harina, el polvo de hornear, el bicarbonato de sodio, la sal y las especias y bátalos en la mezcla hasta que se mezclen. Agregue las manzanas y las nueces. Vierta en un molde para hornear cuadrado de 20 cm / 8 pulgadas engrasado y forrado y hornee en un horno precalentado a 180 ° C / 350 ° F / marca de gas 4 durante 45 minutos hasta que un palillo insertado en el centro salga limpio.

Pastel de Puré de Manzana

Rinde un pastel de 900 g/2 lb

100 g/4 oz/½ taza de mantequilla o margarina, blanda

225 g/8 oz/1 taza de azúcar morena blanda

2 huevos, ligeramente batidos

225 g/8 oz/2 tazas de harina normal (para todo uso)

5 ml/1 cucharadita de canela molida

2,5 ml/½ cucharadita de nuez moscada rallada

100 g/4 oz/1 taza de puré de manzana (salsa)

5 ml/1 cucharadita de bicarbonato de sodio (bicarbonato de sodio)

30 ml/2 cucharadas de agua caliente

Batir la mantequilla o margarina y el azúcar hasta que quede suave y esponjoso. Poco a poco mezcle los huevos. Agregue la harina, la canela, la nuez moscada y el puré de manzana. Mezcla el bicarbonato de sodio con el agua caliente y revuélvelo en la mezcla. Con una cuchara, coloque en un molde para pan de 900 g/2 lb engrasado y hornee en un horno precalentado a 180 °C/350 °F/nivel de gas 4 durante 1¼ horas hasta que al insertar un palillo en el centro, éste salga limpio.

Tarta de manzana a la sidra

Hace un pastel de 20 cm/8 pulgadas

100 g/4 oz/½ taza de mantequilla o margarina, blanda

150 g/5 oz/2/3 taza de azúcar en polvo (superfina)

3 huevos

225 g/8 oz/2 tazas de harina leudante

5 ml / 1 cucharadita de especias mixtas molidas (pastel de manzana)

5 ml/1 cucharadita de bicarbonato de sodio (bicarbonato de sodio)

5 ml/1 cucharadita de levadura en polvo

150 ml/¼ pt/2/3 taza de sidra seca

2 manzanas para cocinar (ácidas), peladas, sin corazón y rebanadas

75 g/3 oz/1/3 taza de azúcar demerara

100 g/4 oz/1 taza de nueces mixtas picadas

Mezcle la mantequilla o margarina, el azúcar, los huevos, la harina, las especias, el bicarbonato de sodio, el polvo de hornear y 120 ml/4 fl oz/½ taza de sidra hasta que estén bien mezclados, agregando la sidra restante si es necesario para crear una masa suave. Vierta la mitad de la mezcla en un molde para pasteles de 20 cm / 8 engrasado y forrado y cubra con la mitad de las rodajas de manzana. Mezcle el azúcar y las nueces y extienda la mitad sobre las manzanas. Vierta la mezcla de pastel restante y cubra con las manzanas restantes y el resto de la mezcla de azúcar y nueces. Hornee en un horno precalentado a 180 °C/350 °F/marca de gas 4 durante 1 hora hasta que estén doradas y firmes al tacto.

Pastel de manzana y canela

Hace un pastel de 23 cm/9 pulgadas

100 g/4 oz/½ taza de mantequilla o margarina

100 g/4 oz/½ taza de azúcar en polvo (superfina)

1 huevo, ligeramente batido

100 g/4 oz/1 taza de harina normal (para todo uso)

5 ml/1 cucharadita de levadura en polvo

30 ml/2 cucharadas de leche (opcional)

2 manzanas grandes para cocinar (ácidas), peladas, sin corazón y rebanadas

30 ml/2 cucharadas de azúcar glas (superfina)

5 ml/1 cucharadita de canela molida

25 g/1 oz/¼ taza de almendras picadas

30 ml/2 cucharadas de azúcar demerara

Batir la mantequilla o margarina y el azúcar hasta que quede suave y esponjoso. Batir gradualmente el huevo, luego incorporar la harina y el polvo de hornear. La mezcla debe quedar bastante rígida; si está demasiado rígido, agregue un poco de leche. Vierta la mitad de la mezcla en un molde para pastel (molde) de fondo suelto engrasado y forrado de 23 cm/9. Disponer encima las rodajas de manzana. Mezclar el azúcar y la canela y espolvorear con las almendras sobre las manzanas. Cubra con la mezcla de pastel restante y espolvoree con azúcar demerara. Hornee en un horno precalentado a 180°C/350°F/nivel de gas 4 durante 30–35 minutos hasta que al insertar un palillo en el centro, éste salga limpio.

Pastel de manzana español

Hace un pastel de 23 cm/9 pulgadas

175 g/6 oz/¾ taza de mantequilla o margarina

6 manzanas Cox's para comer (de postre), peladas, sin corazón y cortadas en gajos

30 ml/2 cucharadas de brandy de manzana

175 g/6 oz/¾ taza de azúcar en polvo (superfina)

150 g/5 oz/1¼ tazas de harina normal (para todo uso)

10 ml/2 cucharaditas de levadura en polvo

5 ml/1 cucharadita de canela molida

3 huevos, ligeramente batidos

45 ml/3 cucharadas de leche

Para el glaseado:

60 ml/4 cucharadas de mermelada de albaricoque (conserva), tamizada (colada)

15 ml/1 cucharada de brandy de manzana

5 ml/1 cucharadita de harina de maíz (fécula de maíz)

10 ml/2 cucharaditas de agua

Derrita la mantequilla o la margarina en una sartén grande y fría los trozos de manzana a fuego lento durante 10 minutos, revolviendo una vez para cubrirlos con la mantequilla. Retire del fuego. Picar un tercio de las manzanas y agregar el brandy de manzana, luego mezclar el azúcar, la harina, el polvo de hornear y la canela. Agregue los huevos y la leche y vierta la mezcla en un molde para pastel de 23 cm / 9 engrasado y enharinado (molde). Coloque las rodajas de manzana restantes encima. Hornee en un horno precalentado a 180°C/350°F/nivel de gas 4 durante 45 minutos hasta que suba bien y se dore, y comience a encogerse de los lados de la lata.

Para hacer el glaseado, caliente la mermelada y el brandy juntos. Mezcle la harina de maíz hasta obtener una pasta con el agua y revuélvala con la mermelada y el brandy. Cocine por unos minutos, revolviendo, hasta que se aclare. Cepille sobre el pastel tibio y deje enfriar durante 30 minutos. Retire los lados del molde para pasteles, caliente el glaseado nuevamente y cepille por segunda vez. Dejar enfriar.

Tarta De Manzana Y Sultana

Hace un pastel de 20 cm/8 pulgadas

350 g/12 oz/3 tazas de harina leudante

Una pizca de sal

2,5 ml/½ cucharadita de canela molida

225 g/8 oz/1 taza de mantequilla o margarina

175 g/6 oz/¾ taza de azúcar en polvo (superfina)

100 g/4 oz/2/3 taza de sultanas (pasas doradas)

450 g/1 lb de manzanas para cocinar (ácidas), peladas, sin corazón y finamente picadas

2 huevos

Un poco de leche

Mezcle la harina, la sal y la canela, luego frote la mantequilla o la margarina hasta que la mezcla parezca pan rallado. Agregue el azúcar. Haga un pozo en el centro y agregue las sultanas, las manzanas y los huevos y mezcle bien, agregando un poco de leche para hacer una mezcla espesa. Vierta en un molde para pasteles de 20 cm / 8 pulgadas engrasado y hornee en un horno precalentado a 180 ° C / 350 ° F / marca de gas 4 durante aproximadamente 1½ a 2 horas hasta que esté firme al tacto. Servir caliente o frío.

Pastel invertido de manzana

Hace un pastel de 23 cm/9 pulgadas

2 manzanas para comer (de postre), peladas, sin corazón y en rodajas finas

75 g/3 oz/1/3 taza de azúcar morena blanda

45 ml/3 cucharadas de pasas

30 ml/2 cucharadas de jugo de limón

Para el pastel:

200 g/7 oz/1¾ tazas de harina normal (para todo uso)

50 g/2 oz/¼ taza de azúcar en polvo (superfina)

10 ml/2 cucharaditas de levadura en polvo

5 ml/1 cucharadita de bicarbonato de sodio (bicarbonato de sodio)

5 ml/1 cucharadita de canela molida

Una pizca de sal

120 ml/4 fl oz/½ taza de leche

50 g/2 oz/½ taza de puré de manzana (salsa)

75 ml/5 cucharadas de aceite

1 huevo, ligeramente batido

5 ml/1 cucharadita esencia de vainilla (extracto)

Mezcle las manzanas, el azúcar, las pasas y el jugo de limón y colóquelo en la base de un molde para pasteles de 23 cm engrasado. Mezcle los ingredientes secos de la torta y haga un hueco en el centro. Mezcle la leche, la compota de manzana, el aceite, el huevo y la esencia de vainilla y revuelva con los ingredientes secos hasta que se mezclen. Vierta en el molde para pasteles y hornee en un horno precalentado a 180°C/350°F/nivel de gas 4 durante 40 minutos hasta que el pastel esté dorado y se separate de los lados del molde. Deje enfriar en la lata durante 10 minutos, luego invierta con cuidado en un plato. Servir tibio o frío.

Pastel De Pan De Albaricoque

Rinde una hogaza de 900 g/2 lb

225 g/8 oz/1 taza de mantequilla o margarina, blanda

225 g/8 oz/1 taza de azúcar en polvo (superfina)

2 huevos, bien batidos

6 albaricoques maduros, sin hueso (sin hueso), pelados y triturados

300 g/11 oz/2¾ tazas de harina normal (para todo uso)

5 ml/1 cucharadita de bicarbonato de sodio (bicarbonato de sodio)

Una pizca de sal

75 g/3 oz/¾ taza de almendras picadas

Batir la mantequilla o margarina y el azúcar. Batir gradualmente los huevos, luego agregar los albaricoques. Batir la harina, el bicarbonato de sodio y la sal. Agregue las nueces. Vierta en un molde para pan de 900 g/2 lb engrasado y enharinado y hornee en un horno precalentado a 180 ° C / 350 ° F / marca de gas 4 durante 1 hora hasta que un palillo insertado en el centro salga limpio. Dejar enfriar en el molde antes de desmoldar.

Tarta De Albaricoque Y Jengibre

Hace un pastel de 18 cm/7 pulgadas

100 g/4 oz/1 taza de harina leudante

100 g/4 oz/½ taza de azúcar morena blanda

10 ml/2 cucharaditas de jengibre molido

100 g/4 oz/½ taza de mantequilla o margarina, blanda

2 huevos, ligeramente batidos

100 g/4 oz/2/3 taza de albaricoques secos listos para comer, picados

50 g/2 oz/1/3 taza de pasas

Bate la harina, el azúcar, el jengibre, la mantequilla o la margarina y los huevos hasta obtener una mezcla suave. Agregue los albaricoques y las pasas. Vierta la mezcla en un molde para pasteles de 18 cm / 7 engrasado y forrado y hornee en un horno precalentado a 180 ° C / 350 ° F / marca de gas 4 durante 30 minutos hasta que un palillo insertado en el centro salga limpio.

Pastel de albaricoque borracho

Hace un pastel de 20 cm/8 pulgadas

120 ml/4 fl oz/½ taza de brandy o ron

120 ml/4 fl oz/½ taza de jugo de naranja

225 g/8 oz/11/3 tazas de albaricoques secos listos para comer, picados

100 g/4 oz/2/3 taza de sultanas (pasas doradas)

175 g/6 oz/¾ taza de mantequilla o margarina, blanda

45 ml/3 cucharadas de miel clara

4 huevos, separados

175 g/6 oz/1½ tazas de harina leudante

10 ml/2 cucharaditas de levadura en polvo

Llevar a ebullición el brandy o el ron y el jugo de naranja con los albaricoques y las sultanas. Revuelva bien, luego retire del fuego y deje reposar hasta que se enfríe. Batir la mantequilla o la margarina y la miel, luego mezclar gradualmente las yemas de huevo. Incorpore la harina y el polvo de hornear. Batir las claras de huevo a punto de nieve, luego incorporarlas suavemente a la mezcla. Vierta en un molde para pastel de 20 cm / 8 engrasado y forrado y hornee en un horno precalentado a 180 ° C / 350 ° F / marca de gas 4 durante 1 hora hasta que un palillo insertado en el centro salga limpio. Dejar enfriar en el molde.

Pastel de platano

Hace un pastel de 23 x 33 cm/9 x 13 pulgadas

4 plátanos maduros, machacados

2 huevos, ligeramente batidos

350 g/12 oz/1½ tazas de azúcar en polvo (superfina)

120 ml/4 fl oz/½ taza de aceite

5 ml/1 cucharadita esencia de vainilla (extracto)

50 g/2 oz/½ taza de nueces mixtas picadas

225 g/8 oz/2 tazas de harina normal (para todo uso)

10 ml/2 cucharaditas de bicarbonato de sodio (bicarbonato de sodio)

5 ml/1 cucharadita de sal

Batir los plátanos, los huevos, el azúcar, el aceite y la vainilla. Agregue los ingredientes restantes y revuelva hasta que se mezclen. Vierta en un molde para pasteles de 23 x 33 cm/9 x 13 pulgadas y hornee en un horno precalentado a 180 °C/350 °F/nivel de gas 4 durante 45 minutos hasta que al insertar un palillo en el centro, éste salga limpio.

Pastel de plátano con cubierta crujiente

Hace un pastel de 23 cm/9 pulgadas

100 g/4 oz/½ taza de mantequilla o margarina, blanda

300 g/11 oz/11/3 tazas de azúcar en polvo (superfina)

2 huevos, ligeramente batidos

175 g/6 oz/1½ tazas de harina normal (para todo uso)

2,5 ml/½ cucharadita de sal

1,5 ml/½ cucharadita de nuez moscada rallada

5 ml/1 cucharadita de bicarbonato de sodio (bicarbonato de sodio)

75 ml/5 cucharadas de leche

Unas gotas de esencia de vainilla (extracto)

4 plátanos, machacados

Para la cobertura:

50 g/2 oz/¼ taza de azúcar demerara

50 g/2 oz/2 tazas de hojuelas de maíz trituradas

2,5 ml/½ cucharadita de canela molida

25 g/1 oz/2 cucharadas de mantequilla o margarina

Batir la mantequilla o margarina y el azúcar hasta que quede suave y esponjoso. Batir gradualmente los huevos, luego incorporar la harina, la sal y la nuez moscada. Mezcla el bicarbonato de sodio con la leche y la esencia de vainilla y revuélvelo con la mezcla con los plátanos. Vierta en un molde para pastel cuadrado de 23 cm / 9 engrasado y forrado.

Para hacer la cobertura, mezcle el azúcar, las hojuelas de maíz y la canela y frote la mantequilla o la margarina. Espolvorea sobre el pastel y hornea en un horno precalentado a 180°C/350°F/nivel de gas 4 durante 45 minutos hasta que esté firme al tacto.

Esponja De Plátano

Hace un pastel de 23 cm/9 pulgadas

100 g/4 oz/½ taza de mantequilla o margarina, blanda

100 g/4 oz/½ taza de azúcar en polvo (superfina)

2 huevos batidos

2 plátanos maduros grandes, machacados

225 g/8 oz/1 taza de harina leudante

45 ml/3 cucharadas de leche

Para el relleno y cobertura:

225 g/8 oz/1 taza de queso crema

30 ml/2 cucharadas de crema agria (láctea agria)

100 g/4 oz de chips de plátano secos

Batir la mantequilla o margarina y el azúcar hasta que quede pálido y esponjoso. Agregue gradualmente los huevos, luego agregue los plátanos y la harina. Mezcle la leche hasta que la mezcla tenga una consistencia de goteo. Vierta en un molde para pastel de 23 cm / 9 engrasado y forrado y hornee en un horno precalentado a 180 ° C / 350 ° F / marca de gas 4 durante aproximadamente 30 minutos hasta que un palillo insertado en el centro salga limpio. Pasar a una rejilla y dejar enfriar, luego cortar por la mitad horizontalmente.

Para hacer la cobertura, mezcle el queso crema y la crema agria y use la mitad de la mezcla para unir las dos mitades del pastel. Extiende la mezcla restante encima y decora con los chips de plátano.

Pastel de plátano alto en fibra

Hace un pastel de 18 cm/7 pulgadas

100 g/4 oz/½ taza de mantequilla o margarina, blanda

50 g/2 oz/¼ taza de azúcar morena suave

2 huevos, ligeramente batidos

100 g/4 oz/1 taza de harina integral (integral)

10 ml/2 cucharaditas de levadura en polvo

2 plátanos, machacados

Para el llenado:
225 g/8 oz/1 taza de requesón (cottage suave)

5 ml/1 cucharadita de jugo de limón

15 ml/1 cucharada de miel clara

1 plátano, en rodajas

Azúcar glas (glaseado), tamizada, para espolvorear

Batir la mantequilla o margarina y el azúcar hasta que quede suave y esponjoso. Batir gradualmente los huevos, luego incorporar la harina y el polvo de hornear. Agregue suavemente los plátanos. Vierta la mezcla en dos moldes para pasteles (moldes) de 18 cm / 7 engrasados y forrados y hornee en un horno precalentado durante 30 minutos hasta que esté firme al tacto. Dejar enfriar.

Para hacer el relleno, mezcle el queso crema, el jugo de limón y la miel y extienda sobre uno de los pasteles. Coloque las rodajas de plátano encima, luego cubra con el segundo pastel. Servir espolvoreado con azúcar glas.

Pastel de Plátano y Limón

Hace un pastel de 18 cm/7 pulgadas

100 g/4 oz/½ taza de mantequilla o margarina, blanda

175 g/6 oz/¾ taza de azúcar en polvo (superfina)

2 huevos, ligeramente batidos

225 g/8 oz/2 tazas de harina leudante

2 plátanos, machacados

Para el relleno y cobertura:
75 ml/5 cucharadas de crema de limón

2 plátanos, en rodajas

45 ml/3 cucharadas de jugo de limón

100 g/4 oz/2/3 taza de azúcar glas (glaseado), tamizada

Batir la mantequilla o margarina y el azúcar hasta que quede suave y esponjoso. Agregue gradualmente los huevos, batiendo bien después de cada adición, luego agregue la harina y los plátanos. Vierta la mezcla en dos moldes para sándwich de 18 cm / 7 engrasados y forrados y hornee en un horno precalentado a 180 ° C / 350 ° F / marca de gas 4 durante 30 minutos. Desmoldar y dejar enfriar.

Sandwich los pasteles junto con la cuajada de limón y la mitad de las rodajas de plátano. Rocíe las rodajas de plátano restantes con 15 ml/1 cucharada de jugo de limón. Mezcle el jugo de limón restante con el azúcar glas para hacer un glaseado rígido (glaseado). Alise la guinda sobre el pastel y decore con las rodajas de plátano.

Bizcocho De Chocolate Con Plátano Licuadora

Hace un pastel de 20 cm/8 pulgadas

225 g/8 oz/2 tazas de harina leudante

2,5 ml/½ cucharadita de levadura en polvo

40 g/1½ oz/3 cucharadas de chocolate en polvo para beber

2 huevos

60 ml/4 cucharadas de leche

150 g/5 oz/2/3 taza de azúcar en polvo (superfina)

100 g/4 oz/½ taza de margarina suave

2 plátanos maduros, picados

Mezclar la harina, el polvo de hornear y el chocolate para beber. Mezcle los ingredientes restantes en una licuadora o procesador de alimentos durante unos 20 segundos; la mezcla se verá cuajada. Verter en los ingredientes secos y mezclar bien. Convierta en un molde para pastel de 20 cm / 8 engrasado y forrado y hornee en un horno precalentado a 180 ° C / 350 ° F / marca de gas 4 durante aproximadamente 1 hora hasta que un palillo insertado en el centro salga limpio. Pasar a una rejilla para que se enfríe.

Pastel de plátano y maní

Rinde un pastel de 900 g/2 lb

275 g/10 oz/2½ tazas de harina normal (para todo uso)

225 g/8 oz/1 taza de azúcar en polvo (superfina)

100 g/4 oz/1 taza de maní, finamente picado

15 ml/1 cucharada de levadura en polvo

Una pizca de sal

2 huevos, separados

6 plátanos, machacados

Corteza rallada y jugo de 1 limón pequeño

50 g/2 oz/¼ taza de mantequilla o margarina, derretida

Mezcle la harina, el azúcar, las nueces, el polvo de hornear y la sal. Bate las yemas de huevo y revuélvelas en la mezcla con los plátanos, la ralladura de limón y el jugo y la mantequilla o margarina. Batir las claras de huevo a punto de nieve, luego incorporar a la mezcla. Vierta en un molde para pan de 900 g/2 lb engrasado y hornee en un horno precalentado a 180 °C/350 °F/nivel de gas 4 durante 1 hora hasta que al insertar un palillo en el centro, éste salga limpio.

Pastel de plátano y pasas todo en uno

Rinde un pastel de 900 g/2 lb

450 g/1 lb de plátanos maduros, triturados

50 g/2 oz/½ taza de nueces mixtas picadas

120 ml/4 fl oz/½ taza de aceite de girasol

100 g/4 oz/2/3 taza de pasas

75 g/3 oz/¾ taza de copos de avena

150 g/5 oz/1¼ tazas de harina integral (integral)

1,5 ml/¼ de cucharadita de esencia de almendras (extracto)

Una pizca de sal

Mezcle todos los ingredientes hasta obtener una mezcla suave y húmeda. Vierta en un molde para pan de 900 g / 2 lb engrasado y forrado y hornee en un horno precalentado a 190 ° C / 375 ° F / marca de gas 5 durante 1 hora hasta que esté dorado y un palillo insertado en el centro salga limpio . Enfriar en el molde durante 10 minutos antes de desmoldar.

Pastel de plátano y whisky

Hace un pastel de 25 cm/10

225 g/8 oz/1 taza de mantequilla o margarina, blanda

450 g/1 lb/2 tazas de azúcar morena suave

3 plátanos maduros, machacados

4 huevos, ligeramente batidos

175 g/6 oz/1½ tazas de nueces pecanas, picadas en trozos grandes

225 g/8 oz/11/3 tazas sultanas (pasas doradas)

350 g/12 oz/3 tazas de harina normal (para todo uso)

15 ml/1 cucharada de levadura en polvo

5 ml/1 cucharadita de canela molida

2,5 ml/½ cucharadita de jengibre molido

2,5 ml/½ cucharadita de nuez moscada rallada

150 ml/¼ pinta/2/3 taza de whisky

Batir la mantequilla o margarina y el azúcar hasta que quede suave y esponjoso. Mezcle los plátanos, luego bata gradualmente los huevos. Mezcle las nueces y las sultanas con una cucharada grande de harina, luego, en un recipiente aparte, mezcle la harina restante con el polvo de hornear y las especias. Revuelva la harina en la mezcla cremosa alternativamente con el whisky. Incorpore las nueces y las sultanas. Vierta la mezcla en un molde para pasteles de 25 cm / 10 pulgadas sin engrasar y hornee en un horno precalentado a 180 ° C / 350 ° F / marca de gas 4 durante 1¼ horas hasta que esté elástico al tacto. Dejar enfriar en el molde durante 10 minutos antes de desmoldar sobre una rejilla para que termine de enfriarse.

Pastel de arándanos

Hace un pastel de 23 cm/9 pulgadas

175 g/6 oz/¾ taza de azúcar en polvo (superfina)

60 ml/4 cucharadas de aceite

1 huevo, ligeramente batido

120 ml/4 fl oz/½ taza de leche

225 g/8 oz/2 tazas de harina normal (para todo uso)

10 ml/2 cucharaditas de levadura en polvo

2,5 ml/½ cucharadita de sal

225 g/8 onzas de arándanos

Para la cobertura:

50 g/2 oz/¼ taza de mantequilla o margarina, derretida

100 g/4 oz/½ taza de azúcar granulada

50 g/2 oz/¼ taza de harina normal (para todo uso)

2,5 ml/½ cucharadita de canela molida

Batir el azúcar, el aceite y el huevo hasta que estén bien mezclados y pálidos. Agregue la leche, luego mezcle la harina, el polvo de hornear y la sal. Incorpore los arándanos. Vierta la mezcla en un molde para pastel de 23 cm / 9 engrasado y enharinado. Mezcle los ingredientes de la cobertura y espolvoree sobre la mezcla. Hornee en un horno precalentado a 190°C/375°F/marca de gas 5 durante 50 minutos hasta que al insertar un palillo en el centro, éste salga limpio. Servir tibio.

Pastel de adoquines de cereza

Rinde un pastel de 900 g/2 lb

175 g/6 oz/¾ taza de mantequilla o margarina, blanda

175 g/6 oz/¾ taza de azúcar en polvo (superfina)

3 huevos batidos

225 g/8 oz/2 tazas de harina normal (para todo uso)

2,5 ml/½ cucharadita de levadura en polvo

100 g/4 oz/2/3 taza de sultanas (pasas doradas)

150 g/5 oz/2/3 taza de cerezas glaseadas (confitadas), cortadas en cuartos

225 g/8 oz de cerezas frescas, sin hueso (sin hueso) y partidas por la mitad

30 ml/2 cucharadas de mermelada de albaricoque (conserva)

Bate la mantequilla o margarina hasta que esté suave, luego bate el azúcar. Mezcle los huevos, luego la harina, el polvo de hornear, las sultanas y las cerezas glaseadas. Vierta con una cuchara en un molde para pan (bandeja) engrasado de 900 g/2 lb y hornee en un horno precalentado a 160 °C/325 °F/nivel de gas 3 durante 2½ horas. Dejar en el molde durante 5 minutos, luego desmoldar sobre una rejilla para que termine de enfriar.

Coloque las cerezas en una fila en la parte superior del pastel. Llevar la mermelada de albaricoque a ebullición en una cacerola pequeña, luego colarla y pincelar sobre la parte superior del pastel para glasear.

Pastel de cereza y coco

Hace un pastel de 20 cm/8 pulgadas

350 g/12 oz/3 tazas de harina leudante

175 g/6 oz/¾ taza de mantequilla o margarina

225 g/8 oz/1 taza de cerezas glaseadas (confitadas), cortadas en cuartos

100 g/4 oz/1 taza de coco deshidratado (rallado)

175 g/6 oz/¾ taza de azúcar en polvo (superfina)

2 huevos grandes, ligeramente batidos

200 ml/7 fl oz/escasa 1 taza de leche

Coloque la harina en un tazón y frote la mantequilla o la margarina hasta que la mezcla parezca pan rallado. Mezcle las cerezas en el coco, luego agréguelas a la mezcla con el azúcar y mezcle ligeramente. Agregue los huevos y la mayor parte de la leche. Bate bien, agregando leche extra si es necesario para darle una consistencia suave. Convertir en un molde para tarta de 20 cm/8 in engrasado y forrado. Hornee en un horno precalentado a 180°C/350°F/marca de gas 4 durante 1½ horas hasta que un palillo insertado en el centro salga limpio.

Pastel de Cereza y Sultana

Rinde un pastel de 900 g/2 lb

100 g/4 oz/½ taza de mantequilla o margarina, blanda

100 g/4 oz/½ taza de azúcar en polvo (superfina)

3 huevos, ligeramente batidos

100 g/4 oz/½ taza de cerezas glaseadas (confitadas)

350 g/12 oz/2 tazas sultanas (pasas doradas)

175 g/6 oz/1½ tazas de harina normal (para todo uso)

Una pizca de sal

Batir la mantequilla o margarina y el azúcar hasta que quede suave y esponjoso. Añadir poco a poco los huevos. Mezcle las cerezas y las sultanas con un poco de harina para cubrir, luego incorpore la harina restante a la mezcla con la sal. Agregue las cerezas y las sultanas. Vierta la mezcla en un molde para pan de 900 g/2 lb engrasado y forrado y hornee en un horno precalentado a 160 °C/325 °F/nivel de gas 3 durante 1½ horas hasta que al insertar un palillo en el centro, éste salga limpio.

Pastel helado de cerezas y nueces

Hace un pastel de 18 cm/7 pulgadas

100 g/4 oz/½ taza de mantequilla o margarina, blanda

100 g/4 oz/½ taza de azúcar en polvo (superfina)

2 huevos, ligeramente batidos

15 ml/1 cucharada de miel clara

150 g/5 oz/1¼ tazas de harina leudante

5 ml/1 cucharadita de levadura en polvo

Una pizca de sal

Para la decoración:

225 g/8 oz/11/3 tazas de azúcar glas (glaseado), tamizada

30 ml/2 cucharadas de agua

Unas gotas de colorante alimentario rojo.

4 cerezas glacé (confitadas), partidas por la mitad

4 mitades de nuez

Batir la mantequilla o margarina y el azúcar hasta que quede suave y esponjoso. Agregue gradualmente los huevos y la miel, luego agregue la harina, el polvo de hornear y la sal. Vierta la mezcla en un molde para pasteles de 18 cm / 8 pulgadas engrasado y forrado y hornee en un horno precalentado a 190 ° C / 375 ° F / marca de gas 5 durante 20 minutos hasta que esté bien levantado y firme al tacto. Dejar enfriar.

Coloque el azúcar glas en un tazón y agregue gradualmente suficiente agua para hacer un glaseado para untar (glaseado). Extienda la mayor parte sobre la parte superior del pastel. Colorea el resto del glaseado con unas gotas de colorante alimentario, añadiendo un poco más de azúcar glasé si esto hace que el glaseado quede demasiado líquido. Vierta o vierta el glaseado rojo sobre el pastel para dividirlo en gajos, luego decore con las cerezas glaseadas y las nueces.

pastel de ciruela damascena

Hace un pastel de 20 cm/8 pulgadas

100 g/4 oz/½ taza de mantequilla o margarina, blanda

75 g/3 oz/1/3 taza de azúcar morena blanda

2 huevos, ligeramente batidos

225 g/8 oz/2 tazas de harina leudante

450 g/1 lb de ciruelas damascenas, sin hueso (sin hueso) y partidas a la mitad

50 g/2 oz/½ taza de nueces mixtas picadas.

Bate la mantequilla o margarina y el azúcar hasta que quede suave y esponjoso, luego agrega gradualmente los huevos, batiendo bien después de cada adición. Incorpore la harina y los damsons. Vierta la mezcla en un molde para pasteles de 20 cm / 8 engrasado y forrado y espolvoree con las nueces. Hornee en un horno precalentado a 190°C/375°F/gas marca 5 durante 45 minutos hasta que esté firme al tacto. Deje enfriar en la lata durante 10 minutos antes de pasar a una rejilla para terminar de enfriar.

Tarta de dátiles y nueces

Hace un pastel de 23 cm/9 pulgadas

300 ml/½ pt/1¼ tazas de agua hirviendo

225 g/8 oz/11/3 tazas de dátiles, sin hueso (sin hueso) y picados

5 ml/1 cucharadita de bicarbonato de sodio (bicarbonato de sodio)

75 g/3 oz/1/3 taza de mantequilla o margarina, blanda

225 g/8 oz/1 taza de azúcar en polvo (superfina)

1 huevo batido

275 g/10 oz/2½ tazas de harina normal (para todo uso)

Una pizca de sal

2,5 ml/½ cucharadita de levadura en polvo

50 g/2 oz/½ taza de nueces picadas

Para la cobertura:

50 g/2 oz/¼ taza de azúcar morena suave

25 g/1 oz/2 cucharadas de mantequilla o margarina

30 ml/2 cucharadas de leche

Unas mitades de nuez para decorar

En un bol ponemos el agua, los dátiles y el bicarbonato de sodio y dejamos reposar 5 minutos. Bate la mantequilla o la margarina y el azúcar hasta que estén suaves, luego agrega el huevo con el agua y los dátiles. Mezcle la harina, la sal y el polvo de hornear, luego incorpórelos a la mezcla con las nueces. Convierta en un molde para pastel de 23 cm / 9 engrasado y forrado y hornee en un horno precalentado a 180 ° C / 350 ° F / marca de gas 4 durante 1 hora hasta que esté firme. Dejar enfriar sobre una rejilla.

Para hacer la cobertura, mezcle el azúcar, la mantequilla y la leche hasta que quede suave. Extender sobre el bizcocho y decorar con las mitades de nuez.

Pastel de limón

Hace un pastel de 20 cm/8 pulgadas

175 g/6 oz/¾ taza de mantequilla o margarina, blanda

175 g/6 oz/¾ taza de azúcar en polvo (superfina)

2 huevos batidos

225 g/8 oz/2 tazas de harina leudante

Zumo y piel rallada de 1 limón

60 ml/4 cucharadas de leche

Batir la mantequilla o margarina y 100 g/4 oz/½ taza de azúcar. Agregue los huevos poco a poco, luego agregue la harina y la cáscara de limón rallada. Agregue suficiente leche para darle una consistencia suave. Convierta la mezcla en un molde para pastel de 20 cm / 8 engrasado y forrado y hornee en un horno precalentado a 180 ° C / 350 ° F / marca de gas 4 durante 1 hora hasta que suba y esté dorado. Disuelva el azúcar restante en el jugo de limón. Pinchar todo el bizcocho caliente con un tenedor y verter sobre la mezcla de jugo. Dejar enfriar.

Pastel de naranja y almendra

Hace un pastel de 20 cm/8 pulgadas

4 huevos, separados

100 g/4 oz/½ taza de azúcar en polvo (superfina)

cáscara rallada de 1 naranja

50 g/2 oz/½ taza de almendras, finamente picadas

50 g/2 oz/½ taza de almendras molidas

Para el almíbar:

100 g/4 oz/½ taza de azúcar en polvo (superfina)

300 ml/½ pt/1¼ tazas de jugo de naranja

15 ml/1 cucharada de licor de naranja (opcional)

1 rama de canela

Batir las yemas de huevo, el azúcar, la piel de naranja, las almendras y las almendras molidas. Bate las claras de huevo hasta que estén firmes, luego incorpóralas a la mezcla. Vierta en un molde para pastel de 20 cm/8 pulgadas engrasado y enharinado y hornee en un horno precalentado a 180 °C/350 °F/nivel de gas 4 durante 45 minutos hasta que esté firme al tacto. Pinchar todo con una brocheta y dejar enfriar.

Mientras tanto, disuelva el azúcar en el jugo de naranja y el licor, si lo usa, a fuego lento con la rama de canela, revolviendo ocasionalmente. Llevar a ebullición y hervir hasta que se reduzca a un jarabe fino. Desecha la canela. Vierta el almíbar tibio sobre el pastel y déjelo en remojo.

Pastel de pan de avena

Rinde un pastel de 900 g/2 lb

100 g/4 oz/1 taza de avena

300 ml/½ pt/1¼ tazas de agua hirviendo

100 g/4 oz/½ taza de mantequilla o margarina, blanda

225 g/8 oz/1 taza de azúcar morena blanda

225 g/8 oz/1 taza de azúcar en polvo (superfina)

2 huevos, ligeramente batidos

175 g/6 oz/1½ tazas de harina normal (para todo uso)

10 ml/2 cucharaditas de levadura en polvo

5 ml/1 cucharadita de bicarbonato de sodio (bicarbonato de sodio)

5 ml/1 cucharadita de canela molida

Remoja la avena en el agua hirviendo. Batir la mantequilla o margarina y los azúcares hasta que quede suave y esponjosa. Agregue gradualmente los huevos, luego agregue la harina, el polvo de hornear, el bicarbonato de sodio y la canela. Finalmente, agregue la mezcla de avena y revuelva hasta que esté bien mezclado. Vierta en un molde para pan de 900 g/2 lb engrasado y forrado y hornee en un horno precalentado a 180 ° C / 350 ° F / marca de gas 4 durante aproximadamente 1 hora hasta que esté firme al tacto.

Pastel de mandarina glaseado fuerte

Hace un pastel de 20 cm/8 pulgadas

175 g/6 oz/3/4 taza de margarina blanda en bote

250 g/9 oz/1 taza generosa de azúcar en polvo (superfina)

225 g/8 oz/2 tazas de harina leudante

5 ml/1 cucharadita de levadura en polvo

3 huevos

Corteza finamente rallada y jugo de 1 naranja pequeña

300 g/11 oz/1 lata mediana de mandarinas bien escurridas

Corteza finamente rallada y jugo de 1/2 limón

Mezcle la margarina, 175 g/6 oz/3/4 taza de azúcar, la harina, el polvo para hornear, los huevos, la ralladura de naranja y el jugo en un procesador de alimentos o bata con una batidora eléctrica hasta que quede suave. Pique las mandarinas en trozos gruesos y dóblelas. Vierta en un molde para pasteles engrasado y forrado de 20 cm/8 pulgadas. Alise la superficie. Hornee en un horno precalentado a 180 °C/350 °F/marca de gas 4 durante 1 hora 10 minutos o hasta que al insertar un palillo en el centro, éste salga limpio. Deje enfriar durante 5 minutos, luego retírelo de la lata y colóquelo sobre una rejilla. Mientras tanto, mezcle el azúcar restante con la cáscara de limón y el jugo hasta obtener una pasta. Extender por encima y dejar enfriar.

Pastel de naranja

Hace un pastel de 20 cm/8 pulgadas

175 g/6 oz/¾ taza de mantequilla o margarina, blanda

175 g/6 oz/¾ taza de azúcar en polvo (superfina)

2 huevos batidos

225 g/8 oz/2 tazas de harina leudante

Zumo y piel rallada de 1 naranja

60 ml/4 cucharadas de leche

Batir la mantequilla o margarina y 100 g/4 oz/½ taza de azúcar. Agregue los huevos poco a poco, luego agregue la harina y la cáscara de naranja rallada. Agregue suficiente leche para darle una consistencia suave. Convierta la mezcla en un molde para pastel de 20 cm / 8 engrasado y forrado y hornee en un horno precalentado a 180 ° C / 350 ° F / marca de gas 4 durante 1 hora hasta que suba y esté dorado. Disuelva el azúcar restante en el jugo de naranja. Pinchar todo el bizcocho caliente con un tenedor y verter sobre la mezcla de jugo. Dejar enfriar.

Pastel de ángel

Hace un pastel de 23 cm/9 pulgadas

75 g/3 oz/¾ taza de harina normal (para todo uso)

25 g/1 oz/2 cucharadas de harina de maíz (fécula de maíz)

Una pizca de sal

225 g/8 oz/1 taza de azúcar en polvo (superfina)

10 claras de huevo

1 cucharada de jugo de limón

1 cucharadita de cremor tártaro

1 cucharadita de esencia de vainilla (extracto)

Mezclar las harinas y la sal con una cuarta parte del azúcar y tamizar bien. Batir la mitad de las claras de huevo con la mitad del jugo de limón hasta que esté espumoso. Agregue la mitad de la crema de tártaro y una cucharadita de azúcar y bata hasta que formen picos rígidos. Repita con las claras de huevo restantes, luego dóblelas y agregue gradualmente el azúcar restante y la esencia de vainilla. Incorpore muy gradualmente la mezcla de harina a las claras de huevo. Coloque con una cuchara en un molde de anillo desmontable de 23 cm/9 pulgadas engrasado (bandeja tubular) y hornee en un horno precalentado a 180 °C/350 °F/nivel de gas 4 durante 45 minutos hasta que esté firme al tacto. Invertir el molde sobre una rejilla y dejar enfriar en el molde antes de desmoldar.

Sándwich de moras

Hace un pastel de 18 cm/7 pulgadas

175 g/6 oz/¾ taza de mantequilla o margarina, blanda

175 g/6 oz/¾ taza de azúcar en polvo (superfina)

3 huevos batidos

175 g/6 oz/1½ tazas de harina leudante

5 ml/1 cucharadita esencia de vainilla (extracto)

300 ml/½ pt/1¼ tazas de crema doble (pesada)

225 g/8 onzas de moras

Batir la mantequilla o margarina y el azúcar hasta que quede pálido y esponjoso. Batir gradualmente los huevos, luego incorporar la harina y la esencia de vainilla. Repartir en dos moldes para tartas de 18 cm/7 engrasados y forrados y hornear en un horno precalentado a 190 °C/375 °F/nivel de gas 5 durante 25 minutos hasta que esté elástico al tacto. Dejar enfriar.

Batir la nata a punto de nieve. Extienda la mitad sobre uno de los pasteles, coloque las moras encima y vierta sobre la crema restante. Cubrir con el segundo bizcocho y servir.

Pastel De Mantequilla Dorada

Hace un pastel de 23 cm/9 pulgadas

225 g/8 oz/1 taza de mantequilla o margarina, blanda

450 g/1 lb/2 tazas de azúcar en polvo (superfina)

5 huevos, separados

250 ml/8 fl oz/1 taza de yogur natural

400 g/14 oz/3½ tazas de harina normal (para todo uso)

10 ml/2 cucharaditas de levadura en polvo

Una pizca de sal

Batir la mantequilla o margarina y el azúcar hasta que quede suave y esponjoso. Agregue gradualmente las yemas de huevo y el yogur, luego agregue la harina, el polvo de hornear y la sal. Bate las claras de huevo hasta que estén firmes, luego mézclalas con cuidado en la mezcla con una cuchara de metal. Vierta en un molde para pastel engrasado de 23 cm / 9 pulgadas y hornee en un horno precalentado a 180 ° C / 350 ° F / marca de gas 4 durante 45 minutos hasta que estén doradas y elásticas al tacto. Dejar enfriar en el molde durante 10 minutos, luego desmoldar sobre una rejilla para que termine de enfriarse.

Esponja de café todo en uno

Hace un pastel de 20 cm/8 pulgadas

100 g/4 oz/½ taza de mantequilla o margarina, blanda

100 g/4 oz/½ taza de azúcar en polvo (superfina)

100 g/4 oz/1 taza de harina leudante

2,5 ml/½ cucharadita de levadura en polvo

15 ml/1 cucharada de café instantáneo en polvo, disuelto en 10 ml/2 cucharaditas de agua caliente

2 huevos

Licúa todos los ingredientes hasta que estén bien mezclados. Vierta en un molde para pastel de 20 cm / 8 engrasado y forrado y hornee en un horno precalentado a 180 ° C / 350 ° F / marca de gas 4 durante 30 minutos hasta que esté bien levantado y elástico al tacto.

Bizcocho Checo

Hace un pastel de 15 x 25 cm/10 x 6 pulgadas

350 g/12 oz/3 tazas de harina normal (para todo uso)

100 g/4 oz/2/3 taza de azúcar glas (glaseado), tamizada

100 g/4 oz/1 taza de avellanas o almendras molidas

15 ml/1 cucharada de levadura en polvo

150 ml/¼ pt/2/3 taza de leche

2 huevos, ligeramente batidos

250 ml/8 fl oz/1 taza de aceite de girasol

225 g/8 oz de fruta fresca

Para el glaseado:

400 ml/14 fl oz/1¾ tazas de jugo de frutas

20 ml/4 cucharaditas de arrurruz

Mezcla los ingredientes secos. Revuelva la leche, los huevos y el aceite y agréguelos a la mezcla. Vierta en un molde para pastel poco profundo de 15 x 25 cm/6 x 10 engrasado (bandeja) y hornee en un horno precalentado a 180 °C/350 °F/nivel de gas 4 durante unos 35 minutos hasta que esté firme. Dejar enfriar.

Disponer la fruta sobre la base de bizcocho. Hervir el jugo de frutas y el arrurruz, revolviendo hasta que espese, luego vierta el glaseado sobre la parte superior del pastel.

Pastel de miel sencillo

Hace un pastel de 20 cm/8 pulgadas

100 g/4 oz/½ taza de mantequilla o margarina, blanda

25 g/1 oz/2 cucharadas de azúcar en polvo (superfina)

60 ml/4 cucharadas de miel clara

2 huevos, ligeramente batidos

175 g/6 oz/1½ tazas de harina leudante

2,5 ml/½ cucharadita de levadura en polvo

5 ml/1 cucharadita de canela molida

15 ml/1 cucharada de agua

Bate todos los ingredientes hasta que tenga una consistencia de goteo suave. Vierta en un molde para pastel de 20 cm / 8 engrasado y forrado y hornee en un horno precalentado a 190 ° C / 375 ° F / marca de gas 5 durante 30 minutos hasta que esté bien levantado y elástico al tacto.

Esponja de limón todo en uno

Hace un pastel de 20 cm/8 pulgadas

100 g/4 oz/½ taza de mantequilla o margarina, blanda

100 g/4 oz/½ taza de azúcar en polvo (superfina)

100 g/4 oz/1 taza de harina leudante

2,5 ml/½ cucharadita de levadura en polvo

cáscara rallada de 1 limón

15 ml/1 cucharada de jugo de limón

2 huevos

Licúa todos los ingredientes hasta que estén bien mezclados. Vierta en un molde para pastel de 20 cm / 8 engrasado y forrado y hornee en un horno precalentado a 180 ° C / 350 ° F / marca de gas 4 durante 30 minutos hasta que esté bien levantado y elástico al tacto.

Pastel De Chifón De Limón

Hace un pastel de 25 cm/10

225 g/8 oz/2 tazas de harina leudante

15 ml/1 cucharada de levadura en polvo

5 ml/1 cucharadita de sal

350 g/12 oz/1½ tazas de azúcar en polvo (superfina)

7 huevos, separados

120 ml/4 fl oz/½ taza de aceite

175 ml/6 fl oz/¾ taza de agua

10 ml/2 cucharaditas de cáscara de limón rallada

5 ml/1 cucharadita esencia de vainilla (extracto)

2,5 ml/½ cucharadita de crémor tártaro

Mezclar la harina, la levadura, la sal y el azúcar y hacer un hueco en el centro. Mezclar las yemas de huevo, el aceite, el agua, la ralladura de limón y la esencia de vainilla y mezclar con los ingredientes secos. Batir las claras de huevo y la crema de tártaro hasta que estén firmes. Doblar en la mezcla de pastel. Vierta en un molde para pasteles (bandeja) de 25 cm/10 pulgadas sin engrasar y hornee en un horno precalentado a 160 °C/325 °F/nivel de gas 3 durante 1 hora. Apague el horno pero deje el bizcocho durante 8 minutos más. Retire del horno e invierta sobre una rejilla para que termine de enfriarse.

Bizcocho de limón

Rinde un pastel de 900 g/2 lb

100 g/4 oz/½ taza de mantequilla o margarina, blanda

175 g/6 oz/¾ taza de azúcar en polvo (superfina)

2 huevos, ligeramente batidos

175 g/6 oz/1½ tazas de harina leudante

60 ml/4 cucharadas de leche

cáscara rallada de 1 limón

Para el almíbar:

60 ml/4 cucharadas de azúcar glas, tamizada

45 ml/3 cucharadas de jugo de limón

Batir la mantequilla o margarina y el azúcar hasta que quede suave y esponjoso. Agregue gradualmente los huevos, luego la harina, la leche y la ralladura de limón y mezcle hasta obtener una consistencia suave. Vierta en un molde para pan de 900 g/2 lb engrasado y forrado y hornee en un horno precalentado a 180 °C/350 °F/nivel de gas 4 durante 45 minutos hasta que esté elástico al tacto.

Mezcle el azúcar glas y el jugo de limón y vierta sobre el pastel tan pronto como salga del horno. Dejar en el molde para que se enfríe.

Pastel de limón y vainilla

Rinde un pastel de 900 g/2 lb

225 g/8 oz/1 taza de mantequilla o margarina, blanda

450 g/1 lb/2 tazas de azúcar en polvo (superfina)

4 huevos, separados

350 g/12 oz/3 tazas de harina normal (para todo uso)

10 ml/2 cucharaditas de levadura en polvo

200 ml/7 fl oz/escasa 1 taza de leche

2,5 ml/½ cucharadita de esencia de limón (extracto)

2,5 ml/½ cucharadita de esencia de vainilla (extracto)

Batir la mantequilla y el azúcar, luego mezclar con las yemas de huevo. Agregue la harina y el polvo de hornear alternando con la leche. Agregue las esencias de limón y vainilla. Batir las claras de huevo hasta que formen picos suaves, luego incorporar suavemente a la mezcla. Convierta en un molde para pan de 900 g/2 lb engrasado y hornee en un horno precalentado a 150 °C/300 °F/nivel de gas 2 durante 1¼ horas hasta que esté dorado y elástico al tacto.

Pastel de Madeira

Hace un pastel de 18 cm/7 pulgadas

175 g/6 oz/¾ taza de mantequilla o margarina, blanda

175 g/6 oz/¾ taza de azúcar en polvo (superfina)

3 huevos grandes

150 g/5 oz/1¼ tazas de harina leudante

100 g/4 oz/1 taza de harina normal (para todo uso)

Una pizca de sal

Corteza rallada y jugo de ½ limón

Batir la mantequilla o la margarina y el azúcar hasta que estén pálidos y suaves. Agregue los huevos uno a la vez, batiendo bien entre cada adición. Incorpore los ingredientes restantes. Vierta en un molde para pasteles de 18 cm / 7 engrasado y forrado y nivele la superficie. Hornee en un horno precalentado a 160°C/325°F/nivel de gas 3 durante 1–1¼ horas hasta que estén doradas y elásticas al tacto. Dejar enfriar en el molde durante 5 minutos antes de desmoldar sobre una rejilla para que termine de enfriarse.

Pastel Margarita

Hace un pastel de 20 cm/8 pulgadas

4 huevos, separados

15 ml/1 cucharada de azúcar en polvo (superfina)

175 g/6 oz/1½ tazas de harina normal (para todo uso)

100 g/4 oz/1 taza de harina de patata

2,5 ml/½ cucharadita de esencia de vainilla (extracto)

25 g/1 oz/3 cucharadas de azúcar glas, tamizada

Batir las yemas de huevo y el azúcar hasta que estén pálidos y cremosos. Agregue gradualmente la harina, la harina de papa y la esencia de vainilla. Batir las claras de huevo a punto de nieve e incorporar a la mezcla. Vierta la mezcla en un molde para pasteles de 20 cm/ 8 pulgadas engrasado y forrado y hornee en un horno precalentado a 200 °C/400 °F/nivel de gas 6 durante solo 5 minutos. Retire el pastel del horno y haga una cruz en la parte superior con un cuchillo afilado, luego vuelva al horno lo más rápido posible y hornee por 5 minutos más. Reduzca la temperatura del horno a 180 °C/350 °F/nivel de gas 4 y hornee durante 25 minutos más hasta que suba y se dore. Dejar enfriar y servir espolvoreado con azúcar glas.

Pastel de leche caliente

Hace un pastel de 23 cm/9 pulgadas

4 huevos, ligeramente batidos

5 ml/1 cucharadita esencia de vainilla (extracto)

450 g/1 lb/2 tazas de azúcar granulada

225 g/8 oz/2 tazas de harina leudante

10 ml/2 cucharaditas de levadura en polvo

2,5 ml/½ cucharadita de sal

250 ml/8 fl oz/1 taza de leche

25 g/1 oz/2 cucharadas de mantequilla o margarina

Batir los huevos, la esencia de vainilla y el azúcar hasta que quede suave y esponjoso. Agregue gradualmente la harina, el polvo de hornear y la sal. Lleve a ebullición la leche y la mantequilla o la margarina en una cacerola pequeña, luego agregue a la mezcla y mezcle bien. Vierta en un molde para pastel de 23 cm / 9 engrasado y enharinado y hornee en un horno precalentado a 180 ° C / 350 ° F / marca de gas 4 durante 40 minutos hasta que estén doradas y elásticas al tacto.

Bizcocho De Leche

Hace un pastel de 20 cm/8 pulgadas

150 ml/¼ pt/2/3 taza de leche

3 huevos

175 g/6 oz/¾ taza de azúcar en polvo (superfina)

5 ml/1 cucharadita de jugo de limón

350 g / 12 oz / 3 tazas de harina normal (para todo uso)

5 ml/1 cucharadita de levadura en polvo

Calentar la leche en una cacerola. Bate los huevos en un tazón hasta que estén espesos y cremosos, luego agrega el azúcar y el jugo de limón. Vierta la harina y el polvo de hornear, luego agregue gradualmente la leche caliente hasta que quede suave. Vierta en un molde para pasteles (bandeja) engrasado de 20 cm/8 pulgadas y hornee en un horno precalentado a 180 °C/350 °F/nivel de gas 4 durante 20 minutos hasta que esté bien levantado y elástico al tacto.

Esponja de moca todo en uno

Hace un pastel de 20 cm/8 pulgadas

100 g/4 oz/½ taza de mantequilla o margarina, blanda

100 g/4 oz/½ taza de azúcar en polvo (superfina)

100 g/4 oz/1 taza de harina leudante

2,5 ml/½ cucharadita de levadura en polvo

15 ml/1 cucharada de café instantáneo en polvo, disuelto en 10 ml/2 cucharaditas de agua caliente

15 ml/1 cucharada de cacao (chocolate sin azúcar) en polvo

2 huevos

Licúa todos los ingredientes hasta que estén bien mezclados. Vierta en un molde para pastel de 20 cm / 8 engrasado y forrado y hornee en un horno precalentado a 180 ° C / 350 ° F / marca de gas 4 durante 30 minutos hasta que esté bien levantado y elástico al tacto.

Tarta Moscatel

Hace un pastel de 18 cm/7 pulgadas

175 g/6 oz/¾ taza de mantequilla o margarina, blanda

175 g/6 oz/¾ taza de azúcar en polvo (superfina)

3 huevos

30 ml/2 cucharadas de vino dulce Moscatel

225 g/8 oz/2 tazas de harina normal (para todo uso)

10 ml/2 cucharaditas de levadura en polvo

Batir la mantequilla o la margarina y el azúcar hasta que esté suave y esponjosa, luego batir gradualmente los huevos y el vino. Agregue la harina y el polvo de hornear y mezcle hasta que quede suave. Vierta en un molde para pastel (bandeja) de 18 cm / 7 engrasado y forrado y hornee en un horno precalentado a 180 ° C / 350 ° F / marca de gas 4 durante 1¼ horas hasta que esté dorado y elástico al tacto. Dejar enfriar en el molde durante 5 minutos, luego desmoldar sobre una rejilla para que termine de enfriarse.

Esponja naranja todo en uno

Hace un pastel de 20 cm/8 pulgadas

100 g/4 oz/½ taza de mantequilla o margarina, blanda

100 g/4 oz/½ taza de azúcar en polvo (superfina)

100 g/4 oz/1 taza de harina leudante

2,5 ml/½ cucharadita de levadura en polvo

cáscara rallada de 1 naranja

15 ml/1 cucharada de jugo de naranja

2 huevos

Licúa todos los ingredientes hasta que estén bien mezclados. Vierta en un molde para pastel de 20 cm / 8 engrasado y forrado y hornee en un horno precalentado a 180 ° C / 350 ° F / marca de gas 4 durante 30 minutos hasta que esté bien levantado y elástico al tacto.

Pastel Sencillo

Hace un pastel de 23 cm/9 pulgadas

50 g/2 oz/¼ taza de mantequilla o margarina

225 g/8 oz/2 tazas de harina normal (para todo uso)

2,5 ml/½ cucharadita de sal

15 ml/1 cucharada de levadura en polvo

30 ml/2 cucharadas de azúcar glas (superfina)

250 ml/8 fl oz/1 taza de leche

Frote la mantequilla o la margarina en la harina, la sal y el polvo de hornear hasta que la mezcla parezca pan rallado. Agregue el azúcar. Agregue gradualmente la leche y mezcle hasta obtener una masa suave. Presione suavemente en un molde para pasteles de 23 cm/9 pulgadas engrasado (bandeja) y hornee en un horno precalentado a 160 °C/325 °F/nivel de gas 3 durante unos 30 minutos hasta que estén ligeramente doradas.

Bizcocho Español

Hace un pastel de 23 cm/9 pulgadas

4 huevos, separados

100 g/4 oz/½ taza de azúcar granulada

cáscara rallada de ½ limón

25 g/1 oz/¼ taza de harina de maíz

25 g/1 oz/¼ taza de harina normal (para todo uso)

30 ml/2 cucharadas de azúcar glas, tamizada

Batir las yemas de huevo, el azúcar y la ralladura de limón hasta que quede pálido y espumoso. Batir gradualmente la harina de maíz y la harina. Bate las claras de huevo hasta que estén rígidas, luego incorpóralas a la masa. Vierta la mezcla en un molde para pastel (bandeja) cuadrado de 23 cm/9 pulgadas engrasado y hornee en un horno precalentado a 220 °C/425 °F/nivel de gas 7 durante 6 minutos. Retire de la lata inmediatamente y deje enfriar. Servir espolvoreado con el azúcar glas.

Sándwich Victoria

Hace un pastel de 23 cm/7 pulgadas

175 g/6 oz/¾ taza de mantequilla o margarina, blanda

175 g/6 oz/¾ taza de azúcar en polvo (superfina), más extra para espolvorear

3 huevos batidos

175 g/6 oz/1½ tazas de harina leudante

60 ml/4 cucharadas de mermelada de fresa (conserva)

Bate la mantequilla o la margarina hasta que esté blanda, luego bate con el azúcar hasta que quede pálida y esponjosa. Batir gradualmente los huevos, luego incorporar la harina. Divida la mezcla uniformemente entre dos moldes para sándwich de 18 cm/7 engrasados y forrados. Hornee en un horno precalentado a 190°C/375°F/nivel de gas 5 durante unos 20 minutos hasta que suba bien y esté elástico al tacto. Voltee sobre una rejilla para que se enfríe, luego haga un sándwich con mermelada y espolvoree con azúcar.

Bizcocho Batido

Hace un pastel de 20 cm/8 pulgadas

2 huevos

75 g/3 oz/1/3 taza de azúcar en polvo (superfina)

50 g/2 oz/½ taza de harina normal (para todo uso)

120 ml/4 fl oz/½ taza de crema doble (espesa), batida

45 ml/3 cucharadas mermelada de frambuesa (conserva)

Azúcar glas (glaseado), tamizada

Batir los huevos y el azúcar durante al menos 5 minutos hasta que estén pálidos. Incorpore la harina. Vierta en un molde para sándwich de 20 cm / 8 engrasado y forrado y hornee en un horno precalentado a 190 ° C / 375 ° F / marca de gas 5 durante 20 minutos hasta que esté elástico al tacto. Déjelo enfriar en una rejilla de alambre.

Corta el pastel por la mitad horizontalmente, luego coloca las dos mitades en un sándwich con crema y mermelada. Espolvorear azúcar glas por encima.

Bizcocho Molino De Viento

Hace un pastel de 20 cm/8 pulgadas

Para el pastel:

175 g/6 oz/1½ tazas de harina leudante

5 ml/1 cucharadita de levadura en polvo

175 g/6 oz/¾ taza de mantequilla o margarina, blanda

175 g/6 oz/¾ taza de azúcar en polvo (superfina)

3 huevos

5 ml/1 cucharadita esencia de vainilla (extracto)

Para el glaseado (glaseado):

100 g/4 oz/½ taza de mantequilla o margarina, blanda

175 g/6 oz/1 taza de azúcar glas, tamizada

75 ml/5 cucharadas de mermelada de fresa (conserva)

Hebras de azúcar y unas rodajas de naranja y limón confitadas (confitadas) para decorar

Batir todos los ingredientes del pastel hasta obtener una mezcla de pastel suave. Repartir en dos moldes para tartas de 20 cm/ 8 engrasados y forrados y hornear en un horno precalentado a 160 °C/325 °F/nivel de gas 3 durante 20 minutos hasta que estén dorados y elásticos al tacto. Dejar enfriar en los moldes durante 5 minutos, luego desmoldar sobre una rejilla para terminar de enfriar.

Para hacer el glaseado, batir la mantequilla o margarina con el azúcar glas hasta tener una consistencia untable. Extienda la mermelada sobre la parte superior de un pastel, luego unte con la mitad del glaseado y coloque el segundo pastel encima. Extienda el glaseado restante sobre la parte superior del pastel y alise con una espátula. Corte un círculo de 20 cm/8 pulgadas de papel encerado y dóblelo en 8 segmentos. Dejando un pequeño círculo en el centro para sostener el papel en una sola pieza, corte segmentos alternos y coloque el papel encima del pastel como una plantilla. Espolvoree las secciones descubiertas con hilos de azúcar, luego retire el papel y coloque las rodajas de naranja y limón en un patrón atractivo en las secciones sin decorar.

Rollo suizo

Hace un rollo de 20 cm/8 pulgadas

3 huevos

75 g/3 oz/1⁄3 taza de azúcar en polvo (superfina)

75 g/3 oz/¾ taza de harina leudante

Azúcar glas (superfina) para espolvorear

75 ml/5 cucharadas mermelada de frambuesa (conserva)

Batir los huevos y el azúcar durante unos 10 minutos hasta que esté muy pálido y espeso y la mezcla se deslice en tiras del batidor. Agregue la harina y vierta con una cuchara en un molde para rollos suizos de 30 x 20 cm/12 x 8 engrasado y forrado (molde para rollos de gelatina). Hornee en un horno precalentado a 200°C/400°F/marca de gas 4 durante 10 minutos hasta que suba bien y esté firme al tacto. Espolvorea un paño de cocina limpio (paño de cocina) con azúcar en polvo e invierte el pastel sobre el paño. Retira el papel de revestimiento, recorta los bordes y pasa un cuchillo a unos 2,5 cm/1 pulgada desde el borde corto, cortando la mitad del pastel. Enrolle el pastel desde el borde cortado. Dejar enfriar.

Desenvolver el bizcocho y untar con mermelada, luego enrollar de nuevo y servir espolvoreado con azúcar glas.

Rollo suizo de manzana

Hace un rollo de 20 cm/8 pulgadas

100 g/4 oz/1 taza de harina normal (para todo uso)

5 ml/1 cucharadita de levadura en polvo

Una pizca de sal

225 g/8 oz/1 taza de azúcar en polvo (superfina)

3 huevos

5 ml/1 cucharadita esencia de vainilla (extracto)

45 ml/3 cucharadas de agua fría

Azúcar glas (glaseado), tamizada, para espolvorear

100 g/4 oz/1 taza de mermelada de manzana (conserva clara)

Mezcle la harina, el polvo de hornear, la sal y el azúcar, luego agregue los huevos y la esencia de vainilla hasta que quede suave. Revuelva en el agua. Vierta la mezcla en un molde para panecillos suizos de 30 x 20 cm/12 x 8 pulgadas engrasado y enharinado (molde para gelatina) y hornee en un horno precalentado a 190 °C/375 °F/nivel de gas 5 durante 20 minutos hasta que esté elástico al tocar. Espolvorea un paño de cocina limpio (paño de cocina) con azúcar glas e invierte el pastel sobre el paño. Retira el papel de revestimiento, recorta los bordes y pasa un cuchillo a unos 2,5 cm/1 pulgada desde el borde corto, cortando la mitad del pastel. Enrolle el pastel desde el borde cortado. Dejar enfriar.

Desenrollar el bizcocho y untar con mermelada de manzana casi hasta los bordes. Enrollar de nuevo y espolvorear con azúcar glas para servir.

Rollito De Castañas Al Brandy

Hace un rollo de 20 cm/8 pulgadas

3 huevos

100 g/4 oz/½ taza de azúcar en polvo (superfina)

100 g/4 oz/1 taza de harina normal (para todo uso)

30 ml/2 cucharadas de brandy

Azúcar glas (superfina) para espolvorear

Para el relleno y la decoración:

300 ml/½ pt/1¼ tazas de crema doble (pesada)

15 ml/1 cucharada de azúcar en polvo (superfina)

250 g/9 oz/1 lata grande de puré de castañas

175 g/6 oz/1½ tazas de chocolate natural (semidulce)

15 g/½ oz/1 cucharada de mantequilla o margarina

30 ml/2 cucharadas de brandy

Batir los huevos y el azúcar hasta que estén pálidos y espesos. Agregue suavemente la harina y el brandy con una cuchara de metal. Vierta en una lata para rollos suizos de 30 x 20 cm/12 x 8 engrasada y forrada (bandeja para rollos de gelatina) y hornee en un horno precalentado a 220 °C/425 °F/marca de gas 7 durante 12 minutos. Coloque un paño de cocina limpio (paño de cocina) sobre la superficie de trabajo, cubra con una hoja de papel resistente a la grasa (encerado) y espolvoree con azúcar en polvo. Invierta el pastel sobre el papel. Retira el papel de revestimiento, recorta los bordes y pasa un cuchillo a unos 2,5 cm/1 pulgada desde el borde corto, cortando la mitad del pastel. Enrolle el pastel desde el borde cortado. Dejar enfriar.

Para hacer el relleno, batir la nata y el azúcar a punto de nieve. Tamizar (filtrar) el puré de castañas, luego batir hasta que quede suave. Incorpore la mitad de la nata al puré de castañas. Desenrollar el bizcocho y esparcir el puré de castañas por la superficie, luego volver a enrollar el bizcocho. Derrita el chocolate con la mantequilla o la margarina y el brandy en un recipiente resistente al calor colocado sobre una cacerola con agua hirviendo a fuego lento. Extienda sobre el pastel y marque los patrones con un tenedor.

Rollo suizo de chocolate

Hace un rollo de 20 cm/8 pulgadas

3 huevos

75 g/3 oz/1/3 taza de azúcar en polvo (superfina)

50 g/2 oz/½ taza de harina leudante

25 g/1 oz/¼ taza de cacao (chocolate sin azúcar) en polvo

Azúcar glas (superfina) para espolvorear

120 ml/4 fl oz/½ taza de crema doble (pesada)

Azúcar glas (glas) para espolvorear

Bate los huevos y el azúcar durante unos 10 minutos hasta que quede muy pálido y espeso, y la mezcla se deslice por el batidor en tiras. Agregue la harina y el cacao y vierta con una cuchara en un molde para rollos suizos de 30 x 20 cm/12 x 8 engrasado y forrado (molde para rollos de gelatina). Hornee en un horno precalentado a 200°C/400°F/marca de gas 4 durante 10 minutos hasta que suba bien y esté firme al tacto. Espolvorea un paño de cocina limpio (paño de cocina) con azúcar en polvo e invierte el pastel sobre el paño. Retira el papel de revestimiento, recorta los bordes y pasa un cuchillo a unos 2,5 cm/1 pulgada desde el borde corto, cortando la mitad del pastel. Enrolle el pastel desde el borde cortado. Dejar enfriar.

Batir la nata a punto de nieve. Desenvolver el bizcocho y untar con nata, luego enrollar de nuevo y servir espolvoreado con azúcar glas.

rollo de limon

Hace un rollo de 20 cm/8 pulgadas

75 g/3 oz /¾ taza de harina leudante

5 ml/1 cucharadita de levadura en polvo

Una pizca de sal

1 huevo

175 g/6 oz/¾ taza de azúcar en polvo (superfina)

15 ml/1 cucharada de aceite

5 ml/1 cucharadita de esencia de limón (extracto)

6 claras de huevo

50 g/2 oz/1⁄3 taza de azúcar glas (glaseado), tamizada

75 ml/5 cucharadas de crema de limón

300 ml/½ pt/1¼ tazas de crema doble (pesada)

10 ml/2 cucharaditas de cáscara de limón rallada

Mezclar la harina, el polvo de hornear y la sal. Bate el huevo hasta que esté espeso y de color limón, luego bate lentamente 50 g/2 oz/¼ de taza de azúcar en polvo hasta que quede pálido y cremoso. Batir el aceite y la esencia de limón. En un tazón limpio, bata las claras de huevo hasta que formen picos suaves, luego agregue gradualmente el azúcar en polvo restante hasta que la mezcla tenga picos rígidos. Dobla las claras de huevo en el aceite, luego dobla la harina. Con una cuchara, vierta en un molde para rollo suizo de 30 x 20 cm/12 x 8 engrasado y forrado (bandeja para rollos de gelatina) y hornee en un horno precalentado a 190 °C/375 °F/nivel de gas 5 durante 10 minutos hasta que esté elástico al tacto. Cubra un paño de cocina limpio (paño de cocina) con una hoja de papel resistente a la grasa (encerado) y espolvoréelo con azúcar glas, luego invierta el pastel sobre el paño. Retire el papel de revestimiento, recorte los bordes y pase un cuchillo a unos 2,5 cm/1 pulgada desde el borde corto. cortando a la mitad del pastel. Enrolle el pastel desde el borde cortado. Dejar enfriar.

Desenrollar el bizcocho y untar con lemon curd. Batir la nata hasta que esté espesa y agregar la cáscara de limón. Extienda sobre la cuajada de limón, luego enrolle el pastel nuevamente. Enfriar antes de servir.

Rollo De Limón Y Miel Y Queso

Hace un rollo de 20 cm/8 pulgadas

3 huevos

75 g/3 oz/1/3 taza de azúcar en polvo (superfina)

cáscara rallada de 1 limón

75 g/3 oz/¾ taza de harina normal (para todo uso)

Una pizca de sal

Azúcar extrafino para espolvorear Para el relleno:

175 g/6 oz/¾ taza de queso crema

30 ml/2 cucharadas de miel clara

Azúcar glas (glaseado), tamizada, para espolvorear

Batir los huevos, el azúcar y la ralladura de limón en un recipiente resistente al calor colocado sobre una cacerola con agua hirviendo a fuego lento hasta que espese y se forme una espuma, y la mezcla se deslice en tiras por el batidor. Retire del fuego y bata durante 3 minutos, luego agregue la harina y la sal. Vierta en una lata para rollos suizos de 30 x 20 cm/ 12 x 8 pulgadas engrasada y forrada (bandeja para rollos de gelatina) y hornee en un horno precalentado a 200 °C/400 °F/nivel de gas 6 hasta que estén doradas y elásticas al tacto. Cubra un paño de cocina limpio (paño de cocina) con una hoja de papel resistente a la grasa (encerado) y espolvoree con azúcar en polvo, luego invierta el pastel sobre el paño. Retira el papel de revestimiento, recorta los bordes y pasa un cuchillo a unos 2,5 cm/1 pulgada desde el borde corto, cortando la mitad del pastel. Enrolle el pastel desde el borde cortado. Dejar enfriar.

Mezcla el queso crema con la miel. Desenrollar el bizcocho, untar con el relleno, luego enrollar de nuevo el bizcocho y espolvorear con azúcar glas.

Rollo De Mermelada De Lima

Hace un rollo de 20 cm/8 pulgadas

3 huevos

175 g/6 oz/¾ taza de azúcar en polvo (superfina)

45 ml/3 cucharadas de agua

5 ml/1 cucharadita esencia de vainilla (extracto)

75 g/3 oz/¾ taza de harina normal (para todo uso)

5 ml/1 cucharadita de levadura en polvo

Una pizca de sal

25 g/1 oz/¼ taza de almendras molidas

Azúcar glas (superfina) para espolvorear

60 ml/4 cucharadas de mermelada de lima

150 ml/¼ pt/2/3 taza de crema doble (espesa), batida

Bate los huevos hasta que estén pálidos y espesos, luego bate gradualmente el azúcar, el agua y la esencia de vainilla. Mezcle la harina, el polvo de hornear, la sal y las almendras molidas y bata hasta obtener una masa suave. Vierta en una lata para rollos suizos de 30 x 20 cm/12 x 8 engrasada y forrada (bandeja para rollos de gelatina) y hornee en un horno precalentado a 180 °C/350 °F/nivel de gas 4 durante 12 minutos hasta que esté elástica al tacto. Espolvorea un paño de cocina limpio (paño de cocina) con azúcar e invierte el pastel tibio sobre el paño. Retira el papel de revestimiento, recorta los bordes y pasa un cuchillo a unos 2,5 cm/1 pulgada desde el borde corto, cortando la mitad del pastel. Enrolle el pastel desde el borde cortado. Dejar enfriar.

Desenrollar el bizcocho y untar con mermelada y nata. Enrolle nuevamente y espolvoree con un poco más de azúcar en polvo.

Roulade de limón y fresas

Hace un rollo de 20 cm/8 pulgadas

Para el llenado:

30 ml/2 cucharadas de harina de maíz (fécula de maíz)

75 g/3 oz/1⁄3 taza de azúcar en polvo (superfina)

120 ml/4 fl oz/½ taza de jugo de manzana

120 ml/4 fl oz/½ taza de jugo de limón

2 yemas de huevo, ligeramente batidas

10 ml/2 cucharaditas de cáscara de limón rallada

15 ml/1 cucharada de mantequilla

Para el pastel:

3 huevos, separados

3 claras de huevo

Una pizca de sal

75 g/3 oz/1⁄3 taza de azúcar en polvo (superfina)

15 ml/1 cucharada de aceite

5 ml/1 cucharadita esencia de vainilla (extracto)

5 ml/1 cucharadita de cáscara de limón rallada

50 g/2 oz/½ taza de harina normal (para todo uso)

25 g/1 oz/¼ taza de harina de maíz (fécula de maíz)

225 g/8 oz de fresas, rebanadas

Azúcar glas (glaseado), tamizada, para espolvorear

Para hacer el relleno, mezcle la harina de maíz y el azúcar en una sartén, luego agregue gradualmente los jugos de manzana y limón. Agregue las yemas de huevo y la cáscara de limón. Cocine a fuego lento, revolviendo continuamente, hasta que esté muy espeso. Retire del fuego y agregue la mantequilla. Vierta en un tazón, coloque un círculo de papel resistente a la grasa (encerado) en la superficie, enfríe y luego enfríe.

Para hacer la tarta, bate todas las claras de huevo con la sal hasta que formen picos suaves. Poco a poco agregue el azúcar hasta que esté firme y brillante. Batir las yemas de huevo, el aceite, la esencia de vainilla y la ralladura de limón. Agregue una cucharada de las claras, luego revuelva la mezcla de yemas en las claras de huevo. Incorpore la harina y la maicena; No haga sobre mezcla. Extienda la mezcla en un molde para rollos suizos (molde para gelatina) de 30 x 20 cm/ 12 x 8 pulgadas engrasado, forrado y enharinado y hornee en un horno precalentado a 200 °C/400 °F/gas marca 4 durante 10 minutos hasta que estén dorados. . Invierta el pastel sobre una hoja de papel resistente a la grasa (encerado) sobre una rejilla de alambre. Retira el papel de revestimiento, recorta los bordes y pasa un cuchillo a unos 2,5 cm/1 pulgada desde el borde corto, cortando la mitad del pastel. Enrolle el pastel desde el borde cortado. Dejar enfriar.

Desenrollar y untar la tarta fría con el relleno de limón y disponer encima las fresas. Usando el papel como ayuda, enrolle el rollo nuevamente y espolvoree con azúcar glas para servir.

Rollo suizo de naranja y almendras

Hace un rollo de 20 cm/8 pulgadas

4 huevos, separados

225 g/8 oz/1 taza de azúcar en polvo (superfina)

60 ml/4 cucharadas de jugo de naranja

150 g/5 oz/1¼ tazas de harina normal (para todo uso)

5 ml/1 cucharadita de levadura en polvo

Una pizca de sal

5 ml/1 cucharadita esencia de vainilla (extracto)

Corteza rallada de ½ naranja

Azúcar glas (superfina) para espolvorear

Para el llenado:

2 naranjas

30 ml/2 cucharadas de gelatina en polvo

120 ml/4 fl oz/½ taza de agua

250 ml/8 fl oz/1 taza de jugo de naranja

100 g/4 oz/½ taza de azúcar en polvo (superfina)

4 yemas de huevo

250 ml/8 fl oz/1 taza de crema doble (pesada)

100 g/4 oz/1⁄3 taza de mermelada de albaricoque (conserva), tamizada (filtrada)

15 ml/1 cucharada de agua

100 g/4 oz/1 taza de almendras en hojuelas (en rodajas), tostadas

Batir las yemas de huevo, el azúcar impalpable y el jugo de naranja hasta que estén pálidos y esponjosos. Agregue gradualmente la harina y el polvo de hornear con una cuchara de metal. Batir las claras de huevo y la sal a punto de nieve, luego incorporar a la mezcla con la esencia de vainilla y la ralladura de naranja con una cuchara de metal. Con una cuchara, vierta en un molde para panecillos suizos de 30 x 20 cm/12 x 8 engrasado y forrado (bandeja para rollos de gelatina) y hornee en un horno precalentado a 200 °C/400 °F/nivel de gas 6 durante 10 minutos hasta que esté elástico al tacto. Convierta en un paño de cocina limpio (paño de cocina), espolvoreado con azúcar en polvo. Retira el papel de revestimiento, recorta los bordes y pasa un cuchillo a unos 2,5 cm/1 pulgada desde el borde corto, cortando la mitad del pastel. Enrolle el pastel desde el borde cortado. Dejar enfriar.

Para hacer el relleno, ralla la piel de una naranja. Pelar ambas naranjas y quitarles la médula y las membranas. Partir los gajos por la mitad y dejar escurrir. Espolvorear la gelatina sobre el agua en un bol y dejar hasta que quede esponjosa. Coloque el recipiente en una cacerola con agua caliente hasta que se disuelva. Dejar enfriar un poco. Bate el jugo de naranja y la cáscara con el azúcar y las yemas de huevo en un recipiente resistente al calor, colócalo sobre una cacerola con agua hirviendo a fuego lento, hasta que esté espeso y cremoso. Retire del fuego y agregue la gelatina. Revuelva ocasionalmente hasta que se enfríe. Batir la nata hasta que esté firme, luego incorporarla a la mezcla y enfriar.

Desenrollar el bizcocho, untar con la crema de naranja y espolvorear con los gajos de naranja. Enrollar de nuevo. Calienta la mermelada con el agua hasta que se mezcle bien. Pincelar el bizcocho y espolvorear con las almendras tostadas, presionando suavemente.

Rollo suizo de fresa espalda con espalda

Hace un rollo de 20 cm/8 pulgadas

3 huevos

75 g/3 oz/1/3 taza de azúcar en polvo (superfina)

75 g/3 oz/¾ taza de harina leudante

Azúcar glas (superfina) para espolvorear

75 ml/5 cucharadas mermelada de frambuesa (conserva)

150 ml/¼ pt/2/3 taza de crema batida o doble (pesada)

100 g/4 onzas de fresas

Bate los huevos y el azúcar durante unos 10 minutos hasta que quede muy pálido y espeso, y la mezcla se deslice por el batidor en tiras. Agregue la harina y vierta con una cuchara en un molde para rollos suizos de 30 x 20 cm/12 x 8 engrasado y forrado (molde para rollos de gelatina). Hornee en un horno precalentado a 200°C/400°F/marca de gas 4 durante 10 minutos hasta que suba bien y esté firme al tacto. Espolvorea un paño de cocina limpio (paño de cocina) con azúcar en polvo e invierte el pastel sobre el paño. Retira el papel de revestimiento, recorta los bordes y pasa un cuchillo a unos 2,5 cm/1 pulgada desde el borde corto, cortando la mitad del pastel. Enrolle el pastel desde el borde cortado. Dejar enfriar.

Desenvuelva el pastel y unte con mermelada, luego enrolle nuevamente. Corta el pastel por la mitad a lo largo y coloca los lados redondeados juntos en un plato para servir con los lados cortados hacia afuera. Batir la crema hasta que esté firme, luego colocar sobre la parte superior y los lados del pastel. Rebane o corte en cuartos las fresas si son grandes y colóquelas decorativamente sobre la parte superior del pastel.

Pastel de chocolate todo en uno

Hace un pastel de 20 cm/8 pulgadas

100 g/4 oz/½ taza de mantequilla o margarina, blanda

100 g/4 oz/½ taza de azúcar en polvo (superfina)

100 g/4 oz/1 taza de harina leudante

15 ml/1 cucharada de cacao (chocolate sin azúcar) en polvo

2,5 ml/½ cucharadita de levadura en polvo

2 huevos

Licúa todos los ingredientes hasta que estén bien mezclados. Vierta en un molde para pastel de 20 cm / 8 engrasado y forrado y hornee en un horno precalentado a 180 ° C / 350 ° F / marca de gas 4 durante 30 minutos hasta que esté bien levantado y elástico al tacto.

Pan de Chocolate y Plátano

Rinde una hogaza de 900 g/2 lb

150 g/5 oz/2/3 taza de mantequilla o margarina

150 g/5 oz/2/3 taza de azúcar morena blanda

150 g/5 oz/1¼ tazas de chocolate natural (semidulce)

2 plátanos, machacados

3 huevos batidos

200 g/7 oz/1¾ tazas de harina normal (para todo uso)

10 ml/2 cucharaditas de levadura en polvo

Derretir la mantequilla o margarina con el azúcar y el chocolate. Retire del fuego, luego agregue los plátanos, los huevos, la harina y el polvo de hornear hasta que quede suave. Vierta en un molde para pan de 900 g/2 lb engrasado y forrado y hornee en un horno precalentado a 150 °C/300 °F/nivel de gas 3 durante 1 hora hasta que esté elástico al tacto. Dejar enfriar en el molde 5 minutos antes de desmoldar para terminar de enfriar sobre una rejilla.

Pastel de Chocolate y Almendras

Hace un pastel de 20 cm/8 pulgadas

100 g/4 oz/½ taza de mantequilla o margarina, blanda

100 g/4 oz/½ taza de azúcar en polvo (superfina)

2 huevos, ligeramente batidos

2,5 ml/½ cucharadita de esencia de almendras (extracto)

100 g/4 oz/1 taza de harina leudante

25 g/1 oz/¼ taza de cacao (chocolate sin azúcar) en polvo

2,5 ml/½ cucharadita de levadura en polvo

45 ml/3 cucharadas de almendras molidas

60 ml/4 cucharadas de leche

Azúcar glas (glaseado) para espolvorear

Batir la mantequilla o margarina y el azúcar hasta que quede suave y esponjoso. Agregue gradualmente los huevos y la esencia de almendras, luego agregue la harina, el cacao y el polvo de hornear. Agregue las almendras molidas y suficiente leche para obtener una consistencia suave. Vierta la mezcla en un molde para pastel (bandeja) de 20 cm/8 engrasado y forrado y hornee en un horno precalentado a 200 °C/400 °F/nivel de gas 6 durante 15 a 20 minutos hasta que esté bien levantado y elástico al tacto. Servir espolvoreado con azúcar glas.

Pastel helado de chocolate con almendras

Hace un pastel de 23 cm/9 pulgadas

225 g/8 oz/2 tazas de chocolate natural (semidulce)

225 g/8 oz/1 taza de mantequilla o margarina, blanda

225 g/8 oz/1 taza de azúcar en polvo (superfina)

5 huevos, separados

225 g/8 oz/2 tazas de harina leudante

100 g/4 oz/1 taza de almendras molidas

Para el glaseado (glaseado):

175 g/6 oz/1 taza de azúcar glas (glaseado)

25 g/1 oz/¼ taza de cacao (chocolate sin azúcar) en polvo

30 ml/2 cucharadas Cointreau

30 ml/2 cucharadas de agua

Almendras blanqueadas para decorar

Derrita el chocolate en un recipiente resistente al calor colocado sobre una cacerola con agua hirviendo a fuego lento. Dejar enfriar un poco. Batir la mantequilla o margarina y el azúcar hasta que quede suave y esponjoso. Batir las yemas de huevo, luego verter el chocolate derretido. Incorpore la harina y las almendras molidas.

Batir las claras de huevo hasta que estén firmes, luego incorporar gradualmente a la mezcla de chocolate. Con una cuchara, vierta en un molde para pasteles de 23 cm/9 pulgadas con fondo suelto, engrasado y forrado, y hornee en un horno precalentado a 180 °C/350 °F/nivel de gas 4 durante 1¼ horas hasta que esté bien levantado y elástico al tacto. Dejar enfriar.

Para hacer el glas, mezcle el azúcar glas y el cacao y haga un hueco en el centro. Caliente el Cointreau y el agua, luego mezcle gradualmente suficiente líquido con el azúcar glas para hacer un glaseado para untar. Alise el pastel y marque un patrón en el glaseado antes de que se enfríe. Decorar con almendras.

Pastel de ángel de chocolate

Rinde un pastel de 900 g/2 lb

6 claras de huevo

Una pizca de sal

5 ml/1 cucharadita de cremor tártaro

450 g/1 lb/2 tazas de azúcar en polvo (superfina)

2,5 ml/½ cucharadita de jugo de limón

Unas gotas de esencia de vainilla (extracto)

100 g/4 oz/1 taza de harina normal (para todo uso)

50 g/2 oz/½ taza de cacao (chocolate sin azúcar) en polvo

5 ml/1 cucharadita de levadura en polvo

Para el glaseado (glaseado):

175 g/6 oz/1 taza de azúcar glas, tamizada

5 ml/1 cucharadita de cacao (chocolate sin azúcar) en polvo

Unas gotas de esencia de vainilla (extracto)

30 ml/2 cucharadas de leche

Batir las claras de huevo y la sal hasta que formen picos suaves. Agregue la crema de tártaro y bata hasta que esté firme. Agregue el azúcar, el jugo de limón y la esencia de vainilla. Mezcle la harina, el cacao y el polvo de hornear, luego incorpórelos a la mezcla. Vierta en un molde para pan de 900 g/2 lb engrasado y forrado y hornee en un horno precalentado a 180 °C/350 °F/nivel de gas 4 durante 1 hora hasta que esté firme. Retirar de la sartén inmediatamente y dejar enfriar sobre una rejilla.

Para hacer el glaseado, mezcle todos los ingredientes del glaseado hasta que quede suave, agregando la leche poco a poco. Rocíe sobre el pastel enfriado.

Pastel de chocolate americano

Hace un pastel de 23 cm/9 pulgadas

175 g/6 oz/1½ tazas de harina normal (para todo uso)

45 ml/3 cucharadas de cacao (chocolate sin azúcar) en polvo

5 ml/1 cucharadita de bicarbonato de sodio (bicarbonato de sodio)

225 g/8 oz/1 taza de azúcar en polvo (superfina)

75 ml/5 cucharadas de aceite

15 ml/1 cucharada de vinagre de vino blanco

5 ml/1 cucharadita esencia de vainilla (extracto)

250 ml/8 fl oz/1 taza de agua fría

Para el glaseado (glaseado):

50 g/2 oz/¼ taza de queso crema

30 ml/2 cucharadas de mantequilla o margarina

2,5 ml/½ cucharadita de esencia de vainilla (extracto)

175 g/6 oz/1 taza de azúcar glas, tamizada

Mezclar los ingredientes secos y hacer un hueco en el centro. Vierta el aceite, el vinagre de vino y la esencia de vainilla y mezcle bien. Agregue el agua fría y mezcle nuevamente hasta que quede suave. Vierta en un molde para hornear engrasado de 23 cm/9 in y hornee en un horno precalentado a 180 °C/350 °F/gas marca 4 durante 30 minutos. Dejar enfriar.

Para hacer el glaseado, mezcle el queso crema, la mantequilla o margarina y la esencia de vainilla hasta que quede suave y esponjoso. Batir poco a poco el azúcar glas hasta que quede suave. Extender sobre la parte superior del pastel.

Tarta De Manzana Con Chocolate

Hace un pastel de 20 cm/8 pulgadas

2 manzanas para cocinar (ácidas)

Jugo de limon

100 g/4 oz/½ taza de mantequilla o margarina, blanda

225 g/8 oz/1 taza de azúcar en polvo (superfina)

2 huevos, ligeramente batidos

5 ml/1 cucharadita esencia de vainilla (extracto)

250 g/9 oz/2¼ tazas de harina normal (para todo uso)

25 g/1 oz/¼ taza de cacao (chocolate sin azúcar) en polvo

5 ml/1 cucharadita de levadura en polvo

5 ml/1 cucharadita de bicarbonato de sodio (bicarbonato de sodio)

150 ml/¼ pt/2/3 taza de leche

Para el glaseado (glaseado):

450 g/1 lb/22/3 tazas de azúcar glas, tamizada

25 g/1 oz/¼ taza de cacao (chocolate sin azúcar) en polvo

50 g/2 oz/¼ taza de mantequilla o margarina

75 ml/5 cucharadas de leche

Pelar, descorazonar y picar finamente las manzanas, luego rociar con un poco de jugo de limón. Batir la mantequilla o margarina y el azúcar hasta que quede suave y esponjoso. Batir poco a poco los huevos y la esencia de vainilla, luego incorporar la harina, el cacao, el polvo para hornear y el bicarbonato de sodio alternando con la leche hasta que todo esté bien mezclado. Agregue las manzanas picadas. Vierta en un molde para pasteles de 20 cm / 8 pulgadas engrasado y forrado y hornee en un horno precalentado a 180 ° C / 350 ° F / marca de gas 4 durante 45 minutos hasta que un palillo insertado en el centro salga limpio. Dejar enfriar en el molde durante 10 minutos, luego desmoldar sobre una rejilla para que termine de enfriarse.

Para hacer el glaseado, mezcle el azúcar glas, el cacao y la mantequilla o margarina, y agregue la leche suficiente para que la mezcla quede suave y cremosa. Extienda sobre la parte superior y los lados del pastel y marque los patrones con un tenedor.

Pastel De Brownie De Chocolate

Rinde un pastel de 38 x 25 cm/15 x 10 pulgadas

100 g/4 oz/½ taza de mantequilla o margarina

100 g/4 oz/½ taza de manteca (manteca vegetal)

250 ml/8 fl oz/1 taza de agua

25 g/1 oz/¼ taza de cacao (chocolate sin azúcar) en polvo

225 g/8 oz/2 tazas de harina normal (para todo uso)

450 g/1 lb/2 tazas de azúcar en polvo (superfina)

120 ml/4 fl oz/½ taza de suero de leche

2 huevos batidos

5 ml/1 cucharadita de bicarbonato de sodio (bicarbonato de sodio)

Una pizca de sal

5 ml/1 cucharadita esencia de vainilla (extracto)

Derrita la mantequilla o margarina, la manteca de cerdo, el agua y el cacao en una cacerola pequeña. Mezclar la harina y el azúcar en un bol, verter la mezcla derretida y mezclar bien. Agregue los ingredientes restantes y bata hasta que estén bien mezclados. Vierta en un molde para rollos suizos engrasado y enharinado (molde para rollos de gelatina) y hornee en un horno precalentado a 200 °C/400 °F/nivel de gas 6 durante 20 minutos hasta que esté elástico al tacto.

Pastel de chocolate y suero de leche

Hace un pastel de 23 cm/9 pulgadas

225 g/8 oz/2 tazas de harina leudante

350 g/12 oz/1½ tazas de azúcar en polvo (superfina)

5 ml/1 cucharadita de bicarbonato de sodio (bicarbonato de sodio)

2,5 ml/½ cucharadita de sal

100 g/4 oz/½ taza de mantequilla o margarina

250 ml/8 fl oz/1 taza de suero de leche

2 huevos

50 g/2 oz/½ taza de cacao (chocolate sin azúcar) en polvo

Glaseado de terciopelo americano

Mezclar la harina, el azúcar, el bicarbonato de sodio y la sal. Frote la mantequilla o la margarina hasta que la mezcla parezca pan rallado, luego agregue el suero de leche, los huevos y el cacao y continúe batiendo hasta que quede suave. Reparta la mezcla en dos moldes para sándwich de 23 cm/9 engrasados y forrados y hornee en un horno precalentado a 180 °C/350 °F/nivel de gas 4 durante 30 minutos hasta que al insertar un palillo en el centro, éste salga limpio. Empareda junto con la mitad del American Velvet Frosting y cubre el pastel con el resto. Dejar reposar.

Tarta de chispas de chocolate y almendras

Hace un pastel de 20 cm/8 pulgadas

175 g/6 oz/¾ taza de mantequilla o margarina, blanda

175 g/6 oz/¾ taza de azúcar en polvo (superfina)

3 huevos, ligeramente batidos

225 g/8 oz/2 tazas de harina leudante

50 g/2 oz/½ taza de almendras molidas

100 g/4 oz/1 taza de chispas de chocolate

30 ml/2 cucharadas de leche

25 g/1 oz/¼ taza de almendras en hojuelas (en rodajas)

Batir la mantequilla o margarina y el azúcar hasta que quede suave y esponjoso. Agregue gradualmente los huevos, luego agregue la harina, las almendras molidas y las chispas de chocolate. Mezcle suficiente de la leche para dar una consistencia de goteo, luego agregue las almendras en hojuelas. Vierta en un molde para pasteles de 20 cm / 8 pulgadas engrasado y forrado y hornee en un horno precalentado a 180 ° C / 350 ° F / marca de gas 4 durante 1 hora hasta que un palillo insertado en el centro salga limpio. Deje enfriar en la lata durante 5 minutos, luego desmolde sobre una rejilla para terminar de enfriar.

Pastel De Crema De Chocolate

Hace un pastel de 18 cm/7 pulgadas

4 huevos

100 g/4 oz/½ taza de azúcar en polvo (superfina)

60 g/2½ oz/2/3 taza de harina normal (para todo uso)

25 g/1 oz/¼ taza de chocolate en polvo para beber

150 ml/¼ pt/2/3 taza de crema doble (pesada)

Batir los huevos y el azúcar hasta que estén suaves y esponjosos. Incorpore la harina y el chocolate para beber. Reparta la mezcla en dos moldes para sándwich de 18 cm/7 engrasados y forrados y hornee en un horno precalentado a 200 °C/400 °F/nivel de gas 6 durante 15 minutos hasta que esté elástico al tacto. Dejar enfriar sobre una rejilla. Batir la nata a punto de nieve, luego hacer un sándwich con los pasteles junto con la nata.

Pastel de chocolate con dátiles

Hace un pastel de 20 cm/8 pulgadas

25 g/1 oz/1 cuadrado de chocolate normal (semidulce)

175 g/6 oz/1 taza de dátiles sin hueso (sin hueso), picados

5 ml/1 cucharadita de bicarbonato de sodio (bicarbonato de sodio)

375 ml/13 fl oz/1½ tazas de agua hirviendo

175 g/6 oz/¾ taza de mantequilla o margarina, blanda

225 g/8 oz/1 taza de azúcar en polvo (superfina)

2 huevos batidos

175 g/6 oz/1½ tazas de harina normal (para todo uso)

2,5 ml/½ cucharadita de sal

50 g/2 oz/¼ taza de azúcar granulada

100 g/4 oz/1 taza de chispas de chocolate sin sabor (semidulce)

Mezcle el chocolate, los dátiles, el bicarbonato de sodio y el agua hirviendo y revuelva hasta que el chocolate se haya derretido. Batir la mantequilla o margarina y el azúcar hasta que quede suave y esponjoso. Incorpora los huevos poco a poco. Agregue la harina y la sal alternativamente con la mezcla de chocolate y revuelva hasta que esté bien mezclado. Con una cuchara, vierta en un molde para pastel cuadrado de 20 cm / 8 engrasado y enharinado. Mezcle el azúcar granulada y las chispas de chocolate y espolvoree por encima. Hornear en horno precalentado a 160°C/325°F/marca de gas 3 durante 45 minutos hasta que al insertar un palillo en el centro, éste salga limpio.

Pastel de chocolate familiar

Hace un pastel de 23 cm/9 pulgadas

100 g/4 oz/½ taza de mantequilla o margarina, blanda

175 g/6 oz/¾ taza de azúcar en polvo (superfina)

2 huevos, ligeramente batidos

5 ml/1 cucharadita esencia de vainilla (extracto)

225 g/8 oz/2 tazas de harina normal (para todo uso)

45 ml/3 cucharadas de cacao (chocolate sin azúcar) en polvo

10 ml/2 cucharaditas de levadura en polvo

2,5 ml/½ cucharadita de bicarbonato de sodio (bicarbonato de sodio)

Una pizca de sal

150 ml/8 fl oz/1 taza de agua

Batir la mantequilla o margarina y el azúcar hasta que quede suave y esponjoso. Poco a poco agregue los huevos y la esencia de vainilla, luego agregue la harina, el cacao, el polvo de hornear, el bicarbonato de sodio y la sal alternando con el agua hasta obtener una masa suave. Con una cuchara, vierta en un molde para pastel de 23 cm/9 engrasado y forrado y hornee en un horno precalentado a 220 °C/425 °F/nivel de gas 7 durante 20 a 25 minutos hasta que esté bien levantado y elástico al tacto.

Pastel de comida del diablo con glaseado de malvavisco

Hace un pastel de 18 cm/7 pulgadas

100 g/4 oz/½ taza de mantequilla o margarina, blanda

100 g/4 oz/½ taza de azúcar en polvo (superfina)

2 huevos, ligeramente batidos

75 g/3 oz/1/3 taza de harina leudante (autoleudante)

15 ml/1 cucharada de cacao (chocolate sin azúcar) en polvo

Una pizca de sal

Para el glaseado (glaseado):

100 g/4 oz de malvaviscos

30 ml/2 cucharadas de leche

2 claras de huevo

25 g/1 oz/2 cucharadas de azúcar en polvo (superfina)

Chocolate rallado para decorar

Batir la mantequilla o margarina y el azúcar hasta que quede suave y esponjoso. Batir gradualmente los huevos, luego incorporar la harina, el cacao y la sal. Reparta la mezcla en dos moldes para sándwich (sartenes) de 18 cm/7 engrasados y forrados y hornee en un horno precalentado a 180 °C/350 °F/nivel de gas 4 durante

25 minutos hasta que suba bien y esté elástico al tacto. Dejar enfriar.

Derrita los malvaviscos con la leche a fuego lento, revolviendo ocasionalmente, luego deje enfriar. Bate las claras de huevo hasta que estén firmes, luego incorpora el azúcar y vuelve a batir hasta que estén firmes y brillantes. Incorporar a la mezcla de malvaviscos y dejar reposar un poco. Empareje los pasteles junto con un tercio del glaseado de malvavisco, luego extienda el resto sobre la parte superior y los lados del pastel y decore con chocolate rallado.

Pastel de chocolate de ensueño

Hace un pastel de 23 cm/9 pulgadas

225 g/8 oz/2 tazas de chocolate natural (semidulce)

30 ml/2 cucharadas de café instantáneo en polvo

45 ml/3 cucharadas de agua

4 huevos, separados

150 g/5 oz/2/3 taza de mantequilla o margarina, cortada en cubitos

Una pizca de sal

100 g/4 oz/½ taza de azúcar en polvo (superfina)

50 g/2 oz/½ taza de harina de maíz (fécula de maíz)

Para la decoración:

150 ml/¼ pt/2/3 taza de crema doble (pesada)

25 g/1 oz/3 cucharadas de azúcar glas

175 g/6 oz/1½ tazas de nueces picadas

Derrita el chocolate, el café y el agua en un recipiente resistente al calor colocado sobre una cacerola con agua hirviendo a fuego lento. Retire del fuego y agregue gradualmente las yemas de huevo. Agregue la mantequilla una pieza a la vez hasta que se derrita en la mezcla. Batir las claras de huevo y la sal hasta que formen picos suaves. Añadir con cuidado el azúcar y batir a punto de nieve. Batir en la harina de maíz. Doble una cucharada de la mezcla en el chocolate, luego doble el chocolate en las claras de huevo restantes. Vierta en un molde para pastel de 23 cm / 9 engrasado y forrado y hornee en un horno precalentado a 180 ° C / 350 ° F / marca de gas 4 durante 45 minutos hasta que esté bien levantado y apenas elástico al tacto. Retirar del horno y dejar enfriar un poco antes de desmoldar; el pastel se agrietará y se hundirá. Dejar enfriar por completo.

Bate la crema hasta que esté firme, luego bate el azúcar. Extienda un poco de la crema alrededor del borde del pastel y presione las nueces picadas para decorar. Extienda o coloque la crema restante encima.

Pastel de chocolate flotante

Hace un pastel de 23 x 30 cm/9 x 12 pulgadas

2 huevos, separados

350 g/12 oz/1½ tazas de azúcar en polvo (superfina)

200 g/7 oz/1¾ tazas de harina leudante

2,5 ml/½ cucharadita de bicarbonato de sodio (bicarbonato de sodio)

2,5 ml/½ cucharadita de sal

60 ml/4 cucharadas de cacao (chocolate sin azúcar) en polvo

75 ml/5 cucharadas de aceite

250 ml/8 fl oz/1 taza de suero de leche

Batir las claras de huevo a punto de nieve. Agregue gradualmente 100 g/4 oz/½ taza de azúcar y bata hasta que esté firme y brillante. Mezclar el azúcar restante, la harina, el bicarbonato de sodio, la sal y el cacao. Batir las yemas de huevo, el aceite y el suero de leche. Agregue con cuidado las claras de huevo. Vierta en un molde para pasteles de 23 x 32 cm/ 9 x 12 in engrasado y enharinado y hornee en un horno precalentado a 180 °C/350 °F/nivel de gas 4 durante 40 minutos hasta que salga un palillo insertado en el centro. limpio.

Pastel de avellanas y chocolate

Hace un pastel de 25 cm/10

100 g/4 oz/1 taza de avellanas

175 g/6 oz/¾ taza de azúcar en polvo (superfina)

175 g/6 oz/1½ tazas de harina normal (para todo uso)

50 g/2 oz/½ taza de cacao (chocolate sin azúcar) en polvo

5 ml/1 cucharadita de levadura en polvo

Una pizca de sal

2 huevos, ligeramente batidos

2 claras de huevo

175 ml/6 fl oz/¾ taza de aceite

60 ml/4 cucharadas de café negro fuerte frío

Extienda las avellanas en un molde para hornear (bandeja) y hornee en un horno precalentado a 180°C/350°F/nivel de gas 4 durante 15 minutos hasta que se doren. Frote enérgicamente en un paño de cocina (paño de cocina) para quitar la piel, luego pique finamente las nueces en un procesador de alimentos con 15 ml/1 cucharada de azúcar. Mezclar las nueces con la harina, el cacao, la levadura y la sal. Batir los huevos y las claras de huevo hasta que estén espumosos. Agregue el azúcar restante poco a poco y continúe batiendo hasta que esté pálido. Agregue gradualmente el aceite, luego el café. Agregue los ingredientes secos, luego vierta con una cuchara en un molde para pastel de 25 cm/10 engrasado y forrado con fondo suelto y hornee en un horno precalentado a 180 °C/350 °F/nivel de gas 4 durante 30 minutos hasta que esté elástico para el toque.

Pastel de chocolate

Rinde un pastel de 900 g/2 lb

60 ml/4 cucharadas de cacao (chocolate sin azúcar) en polvo

100 g/4 oz/½ taza de mantequilla o margarina

120 ml/4 fl oz/½ taza de aceite

250 ml/8 fl oz/1 taza de agua

350 g/12 oz/1½ tazas de azúcar en polvo (superfina)

225 g/8 oz/2 tazas de harina leudante

2 huevos batidos

120 ml/4 fl oz/½ taza de leche

2,5 ml/½ cucharadita de bicarbonato de sodio (bicarbonato de sodio)

5 ml/1 cucharadita esencia de vainilla (extracto)

Para el glaseado (glaseado):

60 ml/4 cucharadas de cacao (chocolate sin azúcar) en polvo

100 g/4 oz/½ taza de mantequilla o margarina

60 ml/4 cucharadas de leche evaporada

450 g/1 lb/22/3 tazas de azúcar glas, tamizada

5 ml/1 cucharadita esencia de vainilla (extracto)

100 g/4 oz/1 taza de chocolate natural (semidulce)

Poner el cacao, la mantequilla o margarina, el aceite y el agua en una cacerola y llevar a ebullición. Retire del fuego y agregue el azúcar y la harina. Batir los huevos, la leche, el bicarbonato de sodio y la esencia de vainilla, luego agregar a la mezcla en la sartén. Vierta en un molde para pan de 900 g/2 lb engrasado y forrado y hornee en un horno precalentado a 180 °C/350 °F/nivel de gas 4 durante 1¼ horas hasta que esté bien levantado y elástico al tacto. Desmolde y enfríe sobre una rejilla.

Para hacer el glaseado, hierva todos los ingredientes en una cacerola mediana. Batir hasta que quede suave, luego verter sobre el pastel mientras aún está caliente. Dejar reposar.

Pastel de chocolate

Hace un pastel de 23 cm/9 pulgadas

150 g/5 oz/1¼ tazas de chocolate natural (semidulce)

150 g/5 oz/2/3 taza de mantequilla o margarina, blanda

150 g/5 oz/2/3 taza de azúcar en polvo (superfina)

75 g/3 oz/¾ taza de almendras molidas

3 huevos, separados

100 g/4 oz/1 taza de harina normal (para todo uso)

Para el relleno y cobertura:

300 ml/½ pt/1¼ tazas de crema doble (pesada)

200 g/7 oz/1¾ tazas de chocolate natural (semidulce), picado

Copos de chocolate desmenuzado

Derrita el chocolate en un recipiente resistente al calor sobre una cacerola con agua hirviendo a fuego lento. Batir la mantequilla o margarina y el azúcar, luego incorporar el chocolate, las almendras y las yemas de huevo. Bate las claras de huevo hasta que formen picos suaves, luego incorpóralas a la mezcla con una cuchara de metal. Agregue cuidadosamente la harina. Vierta en un molde para pastel engrasado de 23 cm/9 pulgadas y hornee en un horno precalentado a 180 °C/350 °F/nivel de gas 4 durante 40 minutos hasta que esté elástico al tacto.

Mientras tanto, llevar la nata a ebullición, luego añadir el chocolate troceado y remover hasta que se derrita. Dejar enfriar. Cuando el bizcocho esté cocido y enfriado, córtalo horizontalmente y sándalo junto con la mitad de la crema de chocolate. Extiende el resto por encima y decora con unas hojuelas de chocolate desmenuzado.

Pastel de chocolate italiano

Hace un pastel de 23 cm/9 pulgadas

100 g/4 oz/½ taza de mantequilla o margarina

225 g/8 oz/1 taza de azúcar morena blanda

30 ml/2 cucharadas de cacao (chocolate sin azúcar) en polvo

3 huevos bien batidos

75 g/3 oz/¾ taza de chocolate natural (semidulce)

150 ml/4 fl oz/½ taza de agua hirviendo

400 g/14 oz/3½ tazas de harina normal (para todo uso)

5 ml/1 cucharadita de levadura en polvo

Una pizca de sal

10 ml/2 cucharaditas de esencia de vainilla (extracto)

175 ml/6 fl oz/¾ taza de crema simple (ligera)

150 ml/¼ pt/2/3 taza de crema doble (pesada)

Batir la mantequilla o margarina, el azúcar y el cacao. Incorpora los huevos poco a poco. Derretir el chocolate en el agua hirviendo, luego agregar a la mezcla. Agregue la harina, el polvo de hornear y la sal. Batir la esencia de vainilla y la nata. Repartir en dos moldes para pasteles de 23 cm/9 engrasados y forrados y hornear en un horno precalentado a 180 °C/350 °F/nivel de gas 4 durante 25 minutos hasta que esté bien levantado y elástico al tacto. Dejar enfriar en los moldes durante 5 minutos, luego desmoldar sobre una rejilla para terminar de enfriar. Bate la crema doble hasta que esté firme, luego utilízala para emparedar los pasteles juntos.

Pastel helado de chocolate con avellanas

Hace un pastel de 23 cm/9 pulgadas

150 g/5 oz/1¼ tazas de avellanas sin piel

225 g/8 oz/1 taza de azúcar granulada

15 ml/1 cucharada de café instantáneo en polvo

60 ml/4 cucharadas de agua

175 g/6 oz/1½ tazas de chocolate natural (semidulce), partido

5 ml/1 cucharadita de esencia de almendras (extracto)

100 g/4 oz/½ taza de mantequilla o margarina, blanda

8 huevos, separados

45 ml/3 cucharadas de migas de galleta digestiva (galleta Graham)

Para el glaseado (glaseado):

175 g/6 oz/1½ tazas de chocolate natural (semidulce), partido

60 ml/4 cucharadas de agua

15 ml/1 cucharada de café instantáneo en polvo

225 g/8 oz/1 taza de mantequilla o margarina, blanda

3 yemas de huevo

175 g/6 oz/1 taza de azúcar glas (glaseado)

Chocolate rallado para decorar (opcional)

Tostar las avellanas en una sartén seca hasta que estén ligeramente doradas, sacudiendo la sartén de vez en cuando, luego triturar hasta que estén bastante finas. Reserve 45 ml/3 cucharadas para el glaseado.

Disuelva el azúcar y el café en el agua a fuego lento, revolviendo durante 3 minutos. Retire del fuego y agregue el chocolate y la esencia de almendras. Revuelva hasta que se derrita y esté suave, luego deje que se enfríe un poco. Batir la mantequilla o la margarina hasta que esté suave y esponjosa, luego batir gradualmente las yemas de huevo. Agregue las avellanas y las migas de galleta. Bate las claras de huevo hasta que estén firmes, luego incorpóralas a la mezcla. Repartir en dos moldes para pasteles de 23 cm/9 engrasados y forrados y hornear en un horno precalentado a 180 °C/350 °F/nivel de gas 4 durante 25 minutos hasta que el pastel comience a encogerse de los lados del molde. y se siente elástico al tacto.

Para hacer el glaseado, derrita el chocolate, el agua y el café a fuego lento, revolviendo hasta que quede suave. Dejar enfriar. Bate la mantequilla o la margarina hasta que esté suave y esponjosa. Agregue gradualmente las yemas de huevo, luego la mezcla de chocolate. Batir el azúcar glas. Enfríe hasta que tenga una consistencia untable.

Empareje los pasteles con la mitad del glaseado, luego extienda la mitad restante alrededor de los lados del pastel y presione las avellanas reservadas alrededor de los lados. Cubra la parte superior del pastel con una fina capa de glaseado y coloque rosetas de glaseado alrededor del borde. Decora con chocolate rallado, si gustas.

Tarta italiana de chocolate y crema de brandy

Hace un pastel de 23 cm/9 pulgadas

400 g/14 oz/3½ tazas de chocolate natural (semidulce)

400 ml/14 fl oz/1¾ tazas de crema doble (pesada)

600 ml/1 pt/2½ tazas café negro fuerte frío

75 ml/5 cucharadas de brandy o Amaretto

400 g/14 oz bizcochos de bizcocho

Derrita el chocolate en un recipiente resistente al calor colocado sobre una cacerola con agua hirviendo a fuego lento. Retirar del fuego y dejar enfriar. Mientras tanto, bate la nata a punto de nieve. Batir el chocolate en la crema. Mezcle el café y el brandy o Amaretto. Sumerja un tercio de los bizcochos en la mezcla para humedecerlos y utilícelos para forrar un molde para pastel de 23 cm/9 pulgadas, forrado con papel de aluminio y de fondo suelto.

Untar con la mitad de la mezcla de crema. Humedecer y añadir otra capa de bizcochos, luego el resto de la nata y por último el resto de bizcochos. Enfríe bien antes de sacar de la lata para servir.

Torta de chocolate en capas

Hace un pastel de 20 cm/8 pulgadas

75 g/3 oz/¾ taza de chocolate natural (semidulce)

175 g/6 oz/¾ taza de mantequilla o margarina, blanda

175 g/6 oz/¾ taza de azúcar en polvo (superfina)

3 huevos, ligeramente batidos

150 g/5 oz/1¼ tazas de harina leudante

25 g/1 oz/¼ taza de cacao (chocolate sin azúcar) en polvo

Para el glaseado (glaseado):

175 g/6 oz/1 taza de azúcar glas (glaseado)

50 g/2 oz/½ taza de cacao (chocolate sin azúcar) en polvo

175 g/6 oz/¾ taza de mantequilla o margarina, blanda

Chocolate rallado para decorar

Derrita el chocolate en un recipiente resistente al calor colocado sobre una cacerola con agua hirviendo a fuego lento. Dejar enfriar un poco. Batir la mantequilla o margarina y el azúcar hasta que quede suave y esponjoso. Batir gradualmente los huevos, luego incorporar la harina y el cacao y el chocolate derretido. Vierta la mezcla en un molde para pasteles de 20 cm / 8 pulgadas engrasado y forrado y hornee en un horno precalentado a 180 ° C /

350 ° F / marca de gas 4 durante 1¼ horas hasta que esté elástico al tacto. Dejar enfriar.

Para hacer el glaseado, bate el azúcar glas, el cacao y la manteca o margarina hasta obtener un glaseado para untar. Cuando el pastel esté frío, córtelo horizontalmente en tres y use dos tercios del glaseado para unir las tres capas. Extienda el glaseado restante en la parte superior, marque un patrón con un tenedor y decore con chocolate rallado.

Esponjosos pasteles de chocolate

Hace un pastel de 20 cm/8 pulgadas

200 g/7 oz/1¾ tazas de harina normal (para todo uso)

30 ml/2 cucharadas de cacao (chocolate sin azúcar) en polvo

5 ml/1 cucharadita de bicarbonato de sodio (bicarbonato de sodio)

5 ml/1 cucharadita de levadura en polvo

150 g/5 oz/2/3 taza de azúcar en polvo (superfina)

30 ml/2 cucharadas de jarabe dorado (maíz claro)

2 huevos, ligeramente batidos

150 ml/¼ pt/2/3 taza de aceite

150 ml/¼ pt/2/3 taza de leche

150 ml/¼ pt/2/3 taza doble (pesada) o crema batida, batida

Bate todos los ingredientes excepto la crema hasta obtener una masa. Vierta en dos moldes para pasteles de 20 cm/8 engrasados y forrados y hornee en un horno precalentado a 160 °C/325 °F/nivel de gas 3 durante 35 minutos hasta que esté bien levantado y elástico al tacto. Deje enfriar, luego haga un sándwich junto con la crema batida.

Pastel de moca

Hace un pastel de 23 x 30 cm/9 x 12 pulgadas

450 g/1 lb/2 tazas de azúcar en polvo (superfina)

225 g/8 oz/2 tazas de harina normal (para todo uso)

75 g/3 oz/¾ taza de cacao (chocolate sin azúcar) en polvo

10 ml/2 cucharaditas de bicarbonato de sodio (bicarbonato de sodio)

5 ml/1 cucharadita de levadura en polvo

Una pizca de sal

120 ml/4 fl oz/½ taza de aceite

250 ml/8 fl oz/1 taza de café negro caliente

250 ml/8 fl oz/1 taza de leche

2 huevos, ligeramente batidos

Mezclar los ingredientes secos y hacer un hueco en el centro. Agregue los ingredientes restantes y mezcle hasta que los ingredientes secos se hayan absorbido. Vierta en un molde para pasteles de 23 x 30 cm/9 x 12 pulgadas engrasado y forrado y hornee en un horno precalentado a 180 °C/350 °F/nivel de gas 4 durante 35 a 40 minutos hasta que se inserte un palillo en el centro. sale limpio.

Torta de barro

Hace un pastel de 20 cm/8 pulgadas

225 g/8 oz/2 tazas de chocolate natural (semidulce)

225 g/8 oz/1 taza de mantequilla o margarina

225 g/8 oz/1 taza de azúcar en polvo (superfina)

4 huevos, ligeramente batidos

15 ml/1 cucharada de harina de maíz (fécula de maíz)

Derrita el chocolate y la mantequilla o la margarina en un recipiente resistente al calor colocado sobre una cacerola con agua hirviendo a fuego lento. Retire del fuego y agregue el azúcar hasta que se disuelva, luego bata los huevos y la harina de maíz. Vierta en un molde para pasteles de 20 cm / 8 engrasado y forrado y coloque el molde en una bandeja para asar que contenga suficiente agua caliente para llegar a la mitad de los lados del molde. Hornee en un horno precalentado a 180 °C/350 °F/marca de gas 4 durante 1 hora. Retire de la bandeja de agua y deje enfriar en la lata, luego enfríe hasta que esté listo para desmoldar y servir.

Pastel de barro de Mississippi con base crujiente

Hace un pastel de 23 cm/9 pulgadas

75 g/3 oz/¾ taza de migas de galleta de jengibre

75 g/3 oz/¾ taza de migas de galleta digestiva (galletas Graham)

50 g/2 oz/¼ taza de mantequilla o margarina, derretida

300 g/11 onzas de malvaviscos

90 ml/6 cucharadas de leche

2,5 ml/½ cucharadita de nuez moscada rallada

60 ml/4 cucharadas de ron o brandy

20 ml/4 cucharaditas de café negro fuerte

450 g/l lb/4 tazas de chocolate natural (semidulce)

450 ml/¾ pt/2 tazas de crema doble (pesada)

Mezcle las migas de galleta con la mantequilla derretida y presione en la base de un molde para pastel (bandeja) de fondo suelto engrasado de 23 cm/9 pulgadas. Enfriar.

Derretir los malvaviscos con la leche y la nuez moscada a fuego lento. Retirar del fuego y dejar enfriar. Mezcle el ron o el brandy y el café. Mientras tanto, derrita las tres cuartas partes del chocolate en un recipiente resistente al calor colocado sobre una cacerola con agua hirviendo a fuego lento. Retirar del fuego y dejar enfriar. Batir la nata a punto de nieve. Incorpore el chocolate y la crema a la mezcla de malvaviscos. Vierta en la base y alise la parte superior. Cubra la película adhesiva (envoltura de plástico) y enfríe durante 2 horas hasta que cuaje.

Derrita el chocolate restante en un recipiente resistente al calor colocado sobre una cacerola con agua hirviendo a fuego lento. Extienda el chocolate finamente sobre una bandeja para hornear (galletas) y enfríe hasta que esté casi listo. Pasa un cuchillo afilado por el chocolate para cortarlo en rizos y utilízalo para decorar la parte superior del pastel.

Pastel De Chocolate Con Nueces

Hace un pastel de 20 cm/8 pulgadas

175 g/6 oz/1½ tazas de almendras molidas

175 g/6 oz/¾ taza de azúcar en polvo (superfina)

4 huevos, separados

5 ml/1 cucharadita esencia de vainilla (extracto)

175 g/6 oz/1½ tazas de chocolate natural (semidulce), rallado

15 ml/1 cucharada de frutos secos picados

Revuelva las almendras molidas y el azúcar, luego agregue las yemas de huevo, la esencia de vainilla y el chocolate. Bate las claras de huevo hasta que estén muy rígidas, luego mézclalas con la mezcla de chocolate con una cuchara de metal. Vierta en un molde para pasteles de 20 cm / 8 engrasado y forrado y espolvoree con las nueces picadas. Hornee en un horno precalentado a 190°C/375°F/nivel de gas 5 durante 25 minutos hasta que esté bien levantado y elástico al tacto.

Rico Pastel De Chocolate

Rinde un pastel de 900 g/2 lb

200 g/7 oz/1¾ tazas de chocolate natural (semidulce)

15 ml/1 cucharada de café negro fuerte

225 g/8 oz/1 taza de mantequilla o margarina, blanda

225 g/8 oz/1 taza de azúcar granulada

4 huevos

225 g/8 oz/2 tazas de harina normal (para todo uso)

5 ml/1 cucharadita de levadura en polvo

Derrita el chocolate con el café en un recipiente resistente al calor colocado sobre una cacerola con agua hirviendo a fuego lento. Mientras tanto, mezcle la mantequilla o margarina y el azúcar hasta que quede suave y esponjoso. Poco a poco agregue los huevos, batiendo bien después de cada adición. Agregue el chocolate derretido, luego agregue la harina y el polvo de hornear. Vierta la mezcla en un molde para pan de 900 g/2 lb engrasado y forrado y hornee en un horno precalentado a 190 °C/375 °F/nivel de gas 5 durante aproximadamente 1 hora hasta que al insertar un palillo en el centro salga limpio. . Si es necesario, cubra la parte superior con papel de aluminio o papel resistente a la grasa (encerado) durante los últimos 10 minutos de cocción para evitar que se dore demasiado.

Pastel de chocolate, nueces y cerezas

Hace un pastel de 20 cm/8 pulgadas

225 g/8 oz/1 taza de mantequilla o margarina, blanda

225 g/8 oz/1 taza de azúcar en polvo (superfina)

4 huevos

Unas gotas de esencia de vainilla (extracto)

225 g/8 oz/2 tazas de harina de centeno

225 g/8 oz/2 tazas de avellanas molidas

45 ml/3 cucharadas de cacao (chocolate sin azúcar) en polvo

10 ml/2 cucharaditas de canela molida

5 ml/1 cucharadita de levadura en polvo

900 g/2 lb de cerezas sin hueso (sin hueso)

Azúcar glas (glaseado) para espolvorear

Batir la mantequilla o margarina y el azúcar hasta que quede pálido y esponjoso. Batir gradualmente los huevos, uno a la vez, luego agregar la esencia de vainilla. Mezcle la harina, las nueces, el cacao, la canela y el polvo de hornear, luego incorpórelos a la mezcla y mezcle hasta obtener una masa suave. Estirar la masa sobre una superficie ligeramente enharinada en un círculo de 20 cm/8 pulgadas y presionar suavemente en un molde para pastel (bandeja) de fondo suelto engrasado. Coloque las cerezas encima. Hornee en un horno precalentado a 200 °C/400 °F/nivel de gas 6 durante 30 minutos hasta que esté elástico al tacto. Retire de la lata para que se enfríe, luego espolvoree con azúcar glas antes de servir.

Pastel de chocolate con ron

Hace un pastel de 20 cm/8 pulgadas

100 g/4 oz/1 taza de chocolate natural (semidulce)

15 ml/1 cucharada de ron

3 huevos

100 g/4 oz/½ taza de azúcar en polvo (superfina)

25 g/1 oz/¼ taza de harina de maíz (fécula de maíz)

50 g/2 oz/½ taza de harina leudante

Derrita el chocolate con el ron en un recipiente resistente al calor colocado sobre una cacerola con agua hirviendo a fuego lento. Batir los huevos y el azúcar hasta que estén suaves y esponjosos, luego incorporar la maicena y la harina. Agregue la mezcla de chocolate. Con una cuchara, vierta en un molde para pastel de 20 cm/8 pulgadas engrasado y forrado y hornee en un horno precalentado a 190 °C/375 °F/nivel de gas 5 durante 10 a 15 minutos hasta que esté elástico al tacto.

Sándwich de chocolate

Hace un pastel de 20 cm/8 pulgadas

100 g/4 oz/1 taza de harina normal (para todo uso)

10 ml/2 cucharaditas de levadura en polvo

Una pizca de bicarbonato de sodio (bicarbonato de sodio)

50 g/2 oz/½ taza de cacao (chocolate sin azúcar) en polvo

225 g/8 oz/1 taza de azúcar en polvo (superfina)

120 ml/4 fl oz/½ taza de aceite de maíz

120 ml/4 fl oz/½ taza de leche

150 ml/¼ pt/2/3 taza de crema doble (pesada)

100 g/4 oz/1 taza de chocolate natural (semidulce)

Mezcle la harina, el polvo de hornear, el bicarbonato de sodio y el cacao. Agregue el azúcar. Mezcle el aceite y la leche y mezcle con los ingredientes secos hasta que quede suave. Repartir en dos moldes para sándwich (bandejas) de 20 cm/8 engrasados y forrados y hornear en un horno precalentado a 180 °C/350 °F/nivel de gas 3 durante 40 minutos hasta que esté elástico al tacto. Pasar a una rejilla para que se enfríe.

Batir la nata a punto de nieve. Reserve 30 ml/2 cucharadas y use el resto para hacer un sándwich con los pasteles. Derrita el chocolate y la crema reservada en un recipiente resistente al calor colocado sobre una cacerola con agua hirviendo a fuego lento. Repartir por encima de la tarta y dejar reposar.

Pastel de Algarroba y Nueces

Hace un pastel de 18 cm/7 pulgadas

175 g/6 oz/¾ taza de mantequilla o margarina, blanda

100 g/4 oz/½ taza de azúcar morena blanda

4 huevos, separados

75 g/3 oz/¾ taza de harina normal (para todo uso)

25 g/1 oz/¼ taza de polvo de algarroba

Una pizca de sal

Corteza finamente rallada y jugo de 1 naranja

Barras de algarroba de 175 g/6 oz

100 g/4 oz/1 taza de nueces mixtas picadas

Bate 100 g/4 oz/½ taza de mantequilla o margarina con el azúcar hasta que quede suave y esponjosa. Agregue gradualmente las yemas de huevo, luego agregue la harina, el polvo de algarroba, la sal, la cáscara de naranja y 15 ml/1 cucharada de jugo de naranja. Vierta la mezcla en dos moldes para pasteles de 18 cm/7 engrasados y forrados y hornee en un horno precalentado a 180 °C/350 °F/nivel de gas 4 durante 20 minutos hasta que esté elástico al tacto. Retirar de los moldes y dejar enfriar.

Derrita la algarroba con el jugo de naranja restante en un recipiente resistente al calor colocado sobre una cacerola con agua hirviendo a fuego lento. Retire del fuego y agregue la mantequilla o margarina restante. Dejar enfriar un poco, removiendo de vez en cuando. Empareje los pasteles enfriados junto con la mitad del glaseado y extienda el resto encima. Marque un patrón con un tenedor y espolvoree con las nueces para decorar.

Tronco de Navidad de algarroba

Hace un rollo de 20 cm/8 pulgadas

3 huevos grandes

100 g/4 oz/1/3 taza de miel clara

75 g/3 oz/¾ taza de harina integral (integral)

25 g/1 oz/¼ taza de polvo de algarroba

20 ml/4 cucharaditas de agua caliente

Para el llenado:

175 g/6 oz/¾ taza de queso crema

Unas gotas de esencia de vainilla (extracto)

5 ml/1 cucharadita de café granulado, disuelto en un poco de agua caliente

30 ml/2 cucharadas de miel clara

15 ml/1 cucharada de polvo de algarroba

Batir los huevos y la miel hasta que espese. Incorpore la harina y la algarroba, luego el agua caliente. Vierta en una lata para rollos suizos de 30 x 20 cm/12 x 8 engrasada y forrada (bandeja para rollos de gelatina) y hornee en un horno precalentado a 220 °C/425 °F/nivel de gas 7 durante 15 minutos hasta que esté elástica al tacto. Dé vuelta a un trozo de papel resistente a la grasa (encerado) y recorte los bordes. Enrolle desde el extremo corto, ayudándose con el papel, y déjelo hasta que se enfríe.

Para hacer el relleno, bate todos los ingredientes juntos. Desenrollar la tarta y quitar el papel. Extienda la mitad del relleno sobre el pastel, casi hasta los bordes, luego enrolle nuevamente. Extienda el relleno restante sobre la parte superior y marque un patrón de corteza con los dientes de un tenedor.

Pastel de semillas de alcaravea

Hace un pastel de 18 cm/7 pulgadas

225 g/8 oz/1 taza de mantequilla o margarina, blanda

225 g/8 oz/1 taza de azúcar en polvo (superfina)

4 huevos, separados

225 g/8 oz/2 tazas de harina leudante

25 g/1 oz/¼ taza de semillas de alcaravea

2,5 ml/½ cucharadita de canela molida

2,5 ml/½ cucharadita de nuez moscada rallada

Batir la mantequilla o margarina y el azúcar hasta que quede pálido y esponjoso. Bate las yemas de huevo y agrégalas a la mezcla, luego incorpora la harina, las semillas y las especias. Bate las claras de huevo hasta que estén firmes, luego incorpóralas a la mezcla. Vierta la mezcla en un molde para pastel de 18 cm / 7 engrasado y forrado y hornee en un horno precalentado a 180 ° C / 350 ° F / marca de gas 4 durante 1 hora hasta que un palillo insertado en el centro salga limpio.

Pastel de Arroz con Almendras

Hace un pastel de 20 cm/8 pulgadas

225 g/8 oz/1 taza de mantequilla o margarina, blanda

225 g/8 oz/1 taza de azúcar en polvo (superfina)

3 huevos batidos

100 g/4 oz/1 taza de harina normal (para todo uso)

75 g/3 oz/¾ taza de harina leudante

75 g/3 oz/¾ taza de arroz molido

2,5 ml/½ cucharadita de esencia de almendras (extracto)

Batir la mantequilla o margarina y el azúcar hasta que quede suave y esponjosa. Batir los huevos poco a poco. Agregue las harinas y el arroz molido y agregue la esencia de almendras. Vierta en un molde para pastel de 20 cm / 8 engrasado y forrado y hornee en un horno precalentado a 150 ° C / 300 ° F / marca de gas 2 durante 1¼ horas hasta que esté elástico al tacto. Dejar enfriar en el molde durante 10 minutos antes de desmoldar sobre una rejilla para que termine de enfriarse.

Pastel de cerveza

Hace un pastel de 20 cm/8 pulgadas

225 g/8 oz/1 taza de mantequilla o margarina, blanda

225 g/8 oz/1 taza de azúcar morena blanda

2 huevos, ligeramente batidos

350 g/12 oz/3 tazas de harina integral (integral)

10 ml/2 cucharaditas de levadura en polvo

5 ml / 1 cucharadita de especias mixtas molidas (pastel de manzana)

150 ml/¼ pt/2/3 taza de cerveza negra

175 g/6 oz/1 taza de grosellas

175 g/6 oz/1 taza de sultanas (pasas doradas)

50 g/2 oz/1/3 taza de pasas

100 g/4 oz/1 taza de nueces mixtas picadas

Corteza rallada de 1 naranja grande

Batir la mantequilla o margarina y el azúcar hasta que quede suave y esponjoso. Batir gradualmente los huevos, batiendo bien después de cada adición. Mezcle la harina, el polvo de hornear y las especias y agregue gradualmente la mezcla cremosa alternando con la cerveza negra, luego agregue la fruta, las nueces y la cáscara de naranja. Vierta en un molde para pastel de 20 cm / 8 pulgadas engrasado y forrado y hornee en un horno precalentado a 150 ° C / 300 ° F / marca de gas 2 durante 2¼ horas hasta que un palillo insertado en el centro salga limpio. Dejar enfriar en el molde durante 30 minutos, luego desmoldar sobre una rejilla para que termine de enfriarse.

Pastel de cerveza y dátiles

Hace un pastel de 23 cm/9 pulgadas

225 g/8 oz/1 taza de mantequilla o margarina, blanda

450 g/1 lb/2 tazas de azúcar morena suave

2 huevos, ligeramente batidos

450 g/1 lb/4 tazas de harina normal (para todo uso)

175 g/6 oz/1 taza de dátiles sin hueso (sin hueso), picados

100 g/4 oz/1 taza de nueces mixtas picadas

10 ml/2 cucharaditas de bicarbonato de sodio (bicarbonato de sodio)

5 ml/1 cucharadita de canela molida

5 ml / 1 cucharadita de especias mixtas molidas (pastel de manzana)

2,5 ml/½ cucharadita de sal

500 ml/17 fl oz/2¼ tazas de cerveza o lager

Batir la mantequilla o margarina y el azúcar hasta que quede suave y esponjoso. Bata gradualmente los huevos, luego agregue los ingredientes secos alternativamente con la cerveza hasta que tenga una mezcla suave. Vierta en un molde para pasteles de 23 cm / 9 engrasado y forrado y hornee en un horno precalentado a 180 ° C / 350 ° F / marca de gas 4 durante 1 hora hasta que un palillo insertado en el centro salga limpio. Dejar enfriar en el molde durante 10 minutos, luego desmoldar sobre una rejilla para que termine de enfriarse.

pastel de battemburgo

Hace un pastel de 18 cm/7 pulgadas

175 g/6 oz/¾ taza de mantequilla o margarina, blanda

175 g/6 oz/¾ taza de azúcar en polvo (superfina)

3 huevos, ligeramente batidos

225 g/8 oz/2 tazas de harina leudante

Unas gotas de esencia de vainilla (extracto)

Unas gotas de esencia de frambuesa (extracto) Para el glaseado (frosting):

15 ml/1 cucharada de mermelada de frambuesa (conserva), tamizada (colada)

225 g/8 oz Pasta de almendras

Algunas cerezas glaseadas (confitadas)

Batir la mantequilla o margarina y el azúcar. Batir gradualmente los huevos, luego incorporar la harina y la esencia de vainilla. Divide la mezcla por la mitad y revuelve la esencia de frambuesa en una mitad. Engrase y cubra un molde para pastel cuadrado de 18 cm/7 pulgadas y divídalo por la mitad doblando papel resistente a la grasa (encerado) por el centro del molde. Vierta cada mezcla en la mitad de la lata y hornee en un horno precalentado a 180°C/350°F/nivel de gas 4 durante unos 50 minutos hasta que esté elástica al tacto. Dejar enfriar sobre una rejilla.

Recorta los bordes del bizcocho y corta cada pieza por la mitad a lo largo. Haz un sándwich con un pedazo rosado y uno de vainilla en la parte inferior y uno de vainilla y uno rosado en la parte superior, usando un poco de mermelada para unirlos. Cepille el exterior de la torta con la mermelada restante. Extienda la pasta de almendras en un rectángulo de unos 18 x 38 cm/7 x 15 pulgadas. Presione alrededor de la parte exterior del pastel y recorte los bordes. Decora la parte superior con cerezas glaseadas.

Pastel De Budín De Pan

Hace un pastel de 23 cm/9 pulgadas

225 g/8 oz/8 rebanadas gruesas de pan

300 ml/½ pt/1¼ tazas de leche

350 g/12 oz/2 tazas de mezcla de frutas secas (mezcla para pastel de frutas)

50 g/2 oz/¼ taza de cáscara picada mixta (confitada)

1 manzana, pelada, sin corazón y rallada

45 ml/3 cucharadas de azúcar moreno suave

30 ml/2 cucharadas de mermelada

45 ml/3 cucharadas de harina leudante

2 huevos, ligeramente batidos

5 ml/1 cucharadita de jugo de limón

10 ml/2 cucharaditas de canela molida

100 g/4 oz/½ taza de mantequilla o margarina, derretida

Remoja el pan en la leche hasta que esté muy suave. Mezcle todos los ingredientes restantes excepto la mantequilla o la margarina. Agregue la mitad de la mantequilla o margarina, luego vierta la mezcla en un molde para pastel cuadrado de 23 cm/ 9 engrasado (molde) y vierta la mantequilla o margarina restante sobre la parte superior. Hornee en un horno precalentado a 150 °C/300 °F/nivel de gas 3 durante 1½ horas, luego aumente la temperatura del horno a 180 °C/350 °F/nivel de gas 4 y hornee durante 30 minutos más. Dejar enfriar en el molde.

Pastel inglés de suero de leche

Hace un pastel de 20 cm/8 pulgadas

75 g/3 oz/1/3 taza de mantequilla o margarina

75 g/3 oz/1/3 taza de manteca (manteca vegetal)

450 g/l lb/4 tazas de harina normal (para todo uso)

100 g/4 oz/½ taza de azúcar en polvo (superfina)

175 g/6 oz/1 taza de cáscara picada mixta (confitada)

100 g/4 oz/2/3 taza de pasas

30 ml/2 cucharadas de mermelada

250 ml/8 fl oz/1 taza de suero de leche o leche agria

5 ml/1 cucharadita de bicarbonato de sodio (bicarbonato de sodio)

Frote la mantequilla o la margarina y la manteca de cerdo en la harina hasta que la mezcla parezca pan rallado. Agregue la harina, el azúcar, la cáscara mixta y las pasas. Caliente la mermelada un poco para que se mezcle fácilmente con la leche, luego mezcle el bicarbonato de sodio y mezcle con la mezcla del pastel para formar una masa suave. Vierta en un molde para pasteles de 20 cm / 8 pulgadas engrasado y forrado y hornee en un horno precalentado a 160 ° C / 325 ° F / marca de gas 3 durante 1 hora. Reduzca la temperatura del horno a 150 °C/300 °F/nivel de gas 2 y hornee durante 45 minutos más hasta que estén doradas y elásticas al tacto. Dejar enfriar en el molde durante 10 minutos antes de desmoldar sobre una rejilla para que termine de enfriarse.